LA PUISSANCE DU MARKETING RÉVOLUTIONNAIRE

Les Éditions Transcontinental
1100, boul. René-Lévesque Ouest
24e étage
Montréal (Québec) H3B 4X9
Tél. : (514) 392-9000
         1 800 361-5479
www.livres.transcontinental.ca

Pour connaître nos autres titres, tapez **www.livres.transcontinental.ca.** Vous voulez bénéficier de nos tarifs spéciaux s´appliquant aux bibliothèques d´entreprise ou aux achats en gros ? Informez-vous au **1 866 800-2500.**

Distribution au Canada
Les messageries ADP
2315, rue de la Province
Longueuil (Québec) J4G 1G4
Tél. : (450) 640-1234 ou 1 800 771-3022
adpcommercial@sogides.com

Distribution en France
Géodif Groupement Eyrolles – Organisation de diffusion
61, boul. Saint-Germain 75005 Paris FRANCE – Tél. : (01) 44.41.41.81

Distribution en Suisse
Servidis S. A. – Diffusion et distribution
Chemin des Chalets CH 1279 Chavannes de Bogis SUISSE – Tél. : (41) 22.960.95.10
www.servidis.ch

Données de catalogage avant publication (Canada)
Morency, Pierre
La puissance du marketing révolutionnaire

1. Marketing. 2. Publicité. 3. Vente. I. Titre.

ISBN 2-89472-282-6
HF5415.M67 2001   658.8   C2001-941481-1

Révision et correction : Catherine Calabretta
Images conception : Jessy Ann Hutchison
Mise en pages et conception graphique
de la couverture : Studio Andrée Robillard

La forme masculine non marquée désigne les femmes et les hommes.

Imprimé au Canada

© Les Éditions Transcontinental, 2001
Dépôt légal — 4e trimestre 2001
3e impression, mars 2005
Bibliothèque nationale du Québec
Bibliothèque nationale du Canada

ISBN 2-89472-282-6

Nous reconnaissons, pour nos activités d'édition, l'aide financière du gouvernement du Canada, par l'entremise du Programme d'aide au développement de l'industrie de l'édition (PADIÉ), ainsi que celle du gouvernement du Québec (SODEC), par l'entremise du Programme d'aide aux entreprises du livre et de l'édition spécialisée.

PIERRE MORENCY

LA PUISSANCE DU MARKETING RÉVOLUTIONNAIRE

Les Éditions
Transcontinental

LA**PUISSANCE** DU**MARKETING** RÉVOLUTIONNAIRE

☆ Pour une vie professionnelle riche
et qui soit le symbole d'extrêmes équilibrés

☆ Pour tous les entrepreneurs et ceux
et celles qui rêvent de le devenir

☆ Pour la création d'heureux millionnaires !

Merci à mes professeurs de vie
Jessy, Charlie et Timmy

Merci à mes amis
Stéphan Lepage et Réal Filiatreault

Table des matières

Au lecteur

J'AI ÉCRIT ce livre pour tous les entrepreneurs, hommes et femmes, qui en ont assez d'investir leur vie dans des projets d'entreprise, d'y travailler jour et nuit, 80 heures par semaine, sans obtenir les résultats voulus.

Pendant plusieurs années, j'ai eu l'occasion de voir et de vivre les approches plus «classiques» du marketing. Bien que certaines de ces approches aient donné quelques résultats, elles m'ont toujours laissé sur mon appétit.

Plusieurs dirigeants de petites et moyennes entreprises ne parvenaient tout simplement pas à libérer les budgets requis pour appliquer les modèles de mise en marché mis de l'avant par des compagnies comme IBM ou Coca-Cola.

L'application d'une méthode expérimentale au monde du marketing a provoqué l'effet-choc souhaité. Des résultats beaucoup plus appréciables, en moins de temps et avec beaucoup moins de moyens, se sont produits.

Pour bâtir ce livre, j'ai pris soin d'appliquer une démarche scientifique rigoureuse propre à l'univers d'un physicien. Les opinions personnelles et les arguments « rationnels » non éprouvés ne font pas partie d'une approche digne d'être partagée.

L'ensemble des concepts regroupés sous le thème Marketing Révolutionnaire^{MC} ne visent qu'un objectif : augmenter vos profits tout en réduisant vos heures de travail pour vous amener à vivre une vie plus riche et plus passionnante.

Je vous souhaite la bienvenue dans cette merveilleuse aventure à la fois commerciale et personnelle, et espère que vous aurez l'audace d'expérimenter... avant de juger !

PREMIÈRE PARTIE

La philosophie

1

Faites-vous ces erreurs de marketing?

Faites-vous ces erreurs de marketing?

Remettez en question tout ce que vous croyez
et remontez à la source de vos succès et de vos échecs.

Q<small>UOI DE</small> mieux qu'un test pour se mettre dans le bain? Répertoriez les erreurs que vous faites parmi les suivantes.

Les 13 erreurs de marketing

- Gérer son entreprise avec des budgets.

- Lancer des promotions sans les avoir testées.

- Mettre plus d'importance sur la gestion des coûts, des ressources humaines et de la qualité que sur le marketing et l'innovation.

- N'utiliser que des représentants, des expositions et des brochures d'entreprise pour la mise en marché.

- S'occuper de l'image, du nom et du logo de l'entreprise plutôt que de faire du marketing à réponse directe.

- Ne pas garantir tout ce qu'on fait en laissant le client prendre le risque dans la transaction.

- Offrir du haut de gamme et de la qualité par soumission.

- Chercher à créer de nouveaux marchés plutôt que de concentrer son énergie sur les clients actuels.

- Vendre des produits et services au lieu d'offrir des solutions et des aventures.

- Écouter les besoins des clients (oui, oui, c'est une erreur!).

- Attendre qu'une innovation technologique soit totalement achevée avant de se préoccuper de la mise en marché.

- Ne pas faire le suivi des promotions ni conserver l'historique de leurs performances.

- Ne pas se tenir à jour sur tout ce qui se fait de nouveau en marketing et en innovation.

Surpris? Attendez, ce n'est que le début de l'aventure!

Dites-moi: quel est le vrai but du marketing?

Pour beaucoup de gens, le marketing est une *fonction* de l'entreprise qui a pour but la création d'une image. Cette image de marque doit par la suite, par sa notoriété, attirer *le plus grand nombre de clients potentiels* possible pour l'équipe des ventes.

Pourtant, le mot « marketing » vient de « *market + ing* ». *Market* signifie « mise en marché ». Commercialiser. En un mot: VENDRE.

Le monde du Marketing Révolutionnaire[MC] découle directement de la démarche scientifique. Il s'appuie sur une méthode expérimentale qui *mesure* directement les résultats de chaque activité de commercialisation.

Dans toute entreprise, il y a des systèmes concrets de mesure pour assurer la rentabilité des opérations. En comptabilité, des dizaines d'outils précis ont été créés pour enregistrer chaque petit détail sur le plan des dépenses de l'entreprise.

Pourquoi le marketing serait-il différent? Après tout, vous êtes en affaires pour produire des rendements, n'est-ce pas?

Les 13 erreurs de marketing

Voyons d'un peu plus près ces fameuses erreurs

Erreur n° 1 : Gérer l'entreprise avec des budgets

Vous me direz que tout le monde gère son entreprise avec des budgets. Bon. Mais tout le monde connaît-il le genre de croissance qui vous intéresse? Voyez-vous des centaines de dirigeants de PME autour de vous se payer des vacances régulières, avec leur famille, l'esprit tranquille?

La vérité, c'est que moins de 1 % des entreprises d'ici obtiennent le succès qu'elles seraient en droit d'obtenir.

Un budget est un outil pour gérer des coûts. Comment voulez-vous assurer la croissance de vos revenus si toute votre énergie est consacrée à gérer des coûts et que les ressources qui s'occupent de votre comptabilité sont plus nombreuses que celles qui se concentrent sur votre mise en marché?

 Ce qu'il vous faut, c'est une nouvelle méthode pour gérer la croissance et exploiter les quatre aspects fondamentaux en matière de commercialisation: OFFRIR LES BONNES SOLUTIONS, AUX BONS SEGMENTS DE CLIENTS, PAR LES BONS CANAUX DE MARKETING, AUX BONS MOMENTS.

Erreur n° 2 : Lancer des initiatives de marketing sans les avoir testées

 Nous sommes vraiment bizarres. Nous passons des années à développer des technologies de pointe, de grande qualité, mais lorsque vient le temps de préparer les outils qui doivent présenter nos solutions au marché, nous prenons nos décisions en quelques heures, avec quelques photos et un beau logo. Aucun test ! Tout est risqué sur une seule option ! Pas surprenant que tant de personnes aient perdu confiance dans le marketing.

Vous ne devriez **jamais** investir massivement en mise en marché sans avoir testé vos stratégies, vos messages, vos images et vos offres.

Erreur n° 3 : Mettre plus d'importance sur la gestion des coûts, des ressources humaines et de la qualité que sur le marketing et l'innovation

Peter Drucker, un gourou de la gestion, a dit ceci : « Parce que le but de votre entreprise est de créer un client, votre entreprise n'a que deux et seulement deux fonctions : le marketing et l'innovation. Le marketing et l'innovation donnent des résultats, tout le reste est des coûts. »

Alors, gérez-vous des coûts ou de la croissance ?

Êtes-vous en train de bâtir férocement vos divisions de marketing et d'innovation ou croyez-vous encore que le tour est joué grâce à un bon directeur des ventes et à une firme de communications ?

Erreur n° 4 : N'utiliser que des représentants, des expositions et des brochures d'entreprise pour la mise en marché

« Mais Pierre, ça n'a pas de bon sens ! Tout le monde sait que le succès repose sur des représentants, des expositions et des brochures d'entreprise ! »

En êtes-vous vraiment convaincu ?

Statistiquement parlant, les brochures d'entreprise, les expositions et les représentants font actuellement partie des plus mauvais canaux de mise en marché du point de vue de la rentabilité !

Je ne prétends pas qu'il n'est pas possible d'utiliser ces canaux de mise en marché pour qu'ils soient rentables : je dis que si peu de gens le font que la moyenne n'est pas reluisante.

Oh ! J'oubliais. Au cas où vous seriez curieux, les quatre meilleurs canaux de mise en marché actuels sont ceux-ci :

- Les systèmes de référence
- Les envois par courrier
- Le marketing par vidéo (eh oui, les infopubs !)
- Internet et le commerce électronique, qui montent rapidement au palmarès...

Erreur n° 5 : S'occuper de l'image, du nom et du logo de l'entreprise plutôt que de faire du marketing à réponse directe

C'est bien connu, nous sommes d'extraordinaires créateurs. Partout dans le monde, notre réputation d'innovateurs fait son chemin. Mais en mise en marché, cette force peut se retourner contre nous. Si vos publicités se fondent exclusivement sur une image, sur votre nom d'entreprise ou sur un logo, vous ratez le bateau. Vos clients se fichent de vous ! Vos clients ont besoin de messages concrets.

Le marketing d'images part du principe qu'à force de voir votre nom ou votre logo un peu partout (dans les gradins du stade de baseball le plus près de chez vous par exemple...), vos clients vont se conditionner à opter pour vos produits ou services lorsqu'ils en auront besoin.

Bon. Si vous avez plusieurs millions de dollars à investir en marketing, vous pouvez en effet obtenir certains résultats en essayant d'imiter l'approche des compagnies de cigarettes.

Mais si vos ressources financières ne sont pas aussi importantes, vous devez faire du marketing à réponse directe. Des offres concrètes et mesurables par lesquelles vous demandez à vos clients de poser un certain geste précis.

L'image peut être utile si elle vient enrober le message, pas le noyer !

Erreur n° 6 : Ne pas garantir tout ce que vous faites en laissant le client prendre le risque dans la transaction

Garantir mes produits ou services ? Ouache… Ne rejetez pas trop vite cet extraordinaire générateur de clients. Dans toute relation d'affaires entre deux parties, l'une d'elles doit prendre une plus grande part du risque.

Faites-vous porter le risque de vos transactions par vos clients ou tenez-vous votre pantalon en prenant votre rôle d'expert en main ?

Sérieusement, si vous exigez de vos clients qu'ils soutiennent la majeure partie du risque lorsqu'ils transigent avec vous, c'est que vous **doutez vous-même de vos compétences**, ce qui n'est pas bon signe.

Erreur n° 7 : Offrir du haut de gamme et de la qualité par soumission

Une erreur qui fait très mal, dont le résultat est frustrant, horriblement frustrant ! Mais pas surprenant.

 Passez-vous tout votre temps à préparer des soumissions pour apprendre huit ou neuf fois sur dix que votre client potentiel a choisi un autre fournisseur parce que son prix était meilleur ?

Un des grands principes du marketing révolutionnaire parle du thème de la **cohérence**. Être cohérent en mise en marché veut dire choisir des canaux de marketing qui sont à la hauteur de la qualité de vos solutions.

Offrir du haut de gamme ou de la qualité par soumission est un cas type d'incohérence.

Les soumissions et les offres de service sont bâties sur un processus de comparaison de prix et de nombre d'heures. Mais lorsque vous vendez de la haute qualité, vous ne voulez jamais vous faire comparer d'abord sur les prix. Incohérence…

Erreur n° 8 : Créer de nouveaux marchés avant d'avoir pleinement exploré celui des clients actuels

D'après vous, quel est l'actif le plus important de votre entreprise ?

 Non, ce ne sont pas vos employés ! Ni votre connaissance. Ni même votre équipement.

L'actif le plus important de votre entreprise, et de loin, ce sont vos **clients actuels.**

N'oubliez jamais que votre plus belle force de vente, ce sont vos **clients satisfaits** !

Erreur n° 9 : Vendre des produits et des services

Vous êtes bien assis ? Écoutez attentivement.

Il est **impossible** de vendre des produits et des services ! Personne n'achète des produits et des services.

Vos clients ont besoin de solutions, pas de produits. Ils ont besoin de comprendre les bénéfices, pas les caractéristiques.

En offrant des produits et des services, vous mettez l'accent sur des caractéristiques, mais vous oubliez de mettre votre client potentiel en situation. Vous oubliez de lui faire revivre les conséquences néfastes de ses problèmes actuels. Vous ne lui permettez pas de vivre les bénéfices de vos solutions avec **émotion.**

Jeu de mots ? Pas du tout. Distinction fondamentale.

Erreur n° 10 : Écouter les besoins des clients

« Ça y est, c'en est trop ! » Non, non, du calme. Je n'ai pas perdu la tête, croyez-moi.

Vos clients savent-ils **exactement** ce dont ils ont besoin ? Bien sûr que non. Si c'était le cas, le monde de la *distribution* aurait disparu il y a bien longtemps pour être remplacé totalement par de la simple *livraison*.

Vos clients ont besoin d'une **solution**. Mais ce qu'ils ont, c'est un **problème**.

Ce que vous devez faire, c'est de trouver le problème de vos clients. Un problème, c'est une situation déplaisante. Un problème, c'est un cas vécu et bourré d'émotions.

Ce n'est pas à votre client de vous dire ce dont il a besoin. **L'expert, c'est vous !** C'est à vous de choisir pour vos clients. Mais vous devez d'abord trouver leur problème.

Erreur n° 11 : Attendre d'avoir totalement achevé le développement technologique d'une innovation avant de commencer sa mise en marché

Il y a la « RD technologique » (Recherche et Développement) mais il y a aussi la « RD marketing ! »

Ces deux types de recherches doivent se faire **simultanément** pour produire un résultat commercial concret. Trop d'entreprises se lancent dans un développement technologique sans faire en parallèle le développement des offres de marketing.

Ce type d'erreur entraîne ses responsables à devoir reprendre, voire abandonner, des mois et des années de recherche pour cause de rejet de la solution créée par le marché.

Qui s'occupe de la RD marketing chez vous ?

Erreur n° 12 : Ne pas faire le suivi des promotions ni conserver l'historique de leurs performances

À quoi bon investir des milliers de dollars en marketing si vous ne mesurez pas ce que ça donne ! Comment savez-vous si vous devez utiliser des envois par courrier, du télémarketing, des annonces dans les Pages Jaunes, des expositions, Internet ou du *fax marketing*, si vous n'avez aucun mécanisme pour faire le suivi de chacune de vos initiatives. Si vous ne mesurez pas, vous jouez à la loterie avec votre entreprise, vos employés, leur famille et votre sécurité financière.

Vous devez toujours tout mesurer !

Erreur n° 13 : Ne pas se tenir à jour sur tout ce qui se fait de nouveau en marketing

Je n'irai pas par quatre chemins (excusez-moi d'être si direct, si tôt dans ce livre, mais que voulez-vous, j'en ai assez de voir tant d'entreprises d'ici se faire couper l'herbe sous le pied parce que leur marketing n'est pas à la hauteur de la qualité de leurs solutions).

Vous devez investir temps et argent pour découvrir le monde du marketing révolutionnaire !

Pensez-y. Les clients n'achètent pas ce qu'il y a de **meilleur**. Les clients achètent ce qui est **le mieux commercialisé**.

Même si vos solutions sont de meilleure qualité, si votre marketing n'est pas à la hauteur, vous allez perdre ! C'est aussi simple que cela.

Si vous n'investissez pas dans votre formation en marketing, si vous ne développez pas une équipe de pointe en mise en marché, préparez-vous à travailler 80 heures par semaine pour le restant de vos jours.

Avouez que pour un chapitre d'introduction, ça cogne !

2

Le succès appartient aux « extrémistes équilibrés »

Le succès appartient aux « extrémistes équilibrés »

Travailler fort ? Pas du tout. Travailler aux bons endroits,
avec passion, vigueur et insécurité : la base de tout succès.

Bienvenue dans le merveilleux monde du marketing révolutionnaire ! Le marketing est le levier financier le plus puissant, le plus rapide et le plus profitable à votre disposition pour faire croître vos profits, augmenter vos revenus, réduire vos heures de travail et multiplier l'impact de chacun de vos efforts.

Chaque dollar investi en marketing peut vous rapporter beaucoup, pour autant qu'il soit placé dans des stratégies bien choisies.

Le marketing n'est pas en soi un objectif ultime. Ce n'est qu'un des moyens qui s'offrent à vous pour atteindre le bonheur.

Ce que vous cherchez à travers le marketing, ce sont des pistes pour augmenter votre passion et votre intensité à vivre.

Pour pleinement tirer profit de chaque petite minute de vie, vous devrez équilibrer vos activités sur trois axes majeurs :

1. **L'axe intellectuel.** Cet axe porte précisément sur les activités de marketing.

2. **L'axe physique.** Il s'agit des questions de couple, de santé, de relations humaines, d'exercice, d'alimentation, etc.

3. **L'axe spirituel.** L'esprit n'est pas séparable du corps et de l'intellect.

En marketing révolutionnaire, on ne fait pas de distinction entre l'axe intellectuel, l'axe physique et l'axe spirituel. Tout est relié.

Vos clients d'abord et avant tout !

Pour faire croître les profits de votre entreprise, *vous devez toujours placer les intérêts de vos clients avant les vôtres*. Vos clients sont votre actif principal : sans eux, vous n'avez pas d'entreprise.

Un des principaux principes du marketing révolutionnaire consiste à toujours placer la croissance de vos clients avant la vôtre.

C'est un exemple de l'utilisation directe de la loi universelle de l'action-réaction. Ce grand principe signifie que tout ce que vous faites vous revient immanquablement.

Il n'existe pas de manière plus rapide de faire croître les profits de votre entreprise que de faire d'abord croître les profits de celles des autres.

L'expérimentation avant la rationalisation

Raisonner ou expérimenter ? Le marketing révolutionnaire se définit par l'expérimentation nourrie d'intuition, et non par le raisonnement alimenté d'opinions.

L'expérimentation est à la base de tout ce que nous faisons en marketing. Vous devez tout expérimenter, à plusieurs reprises, avant de vous faire une idée de ce qui en est.

Plus encore, vous devez chercher à utiliser les tests que d'autres ont faits avant vous pour orienter vos propres tests.

Vos meilleures stratégies de mise en marché proviendront presque toujours d'industries différentes de la vôtre.

 Vous devez régulièrement vous donner l'occasion de regarder ce qui se fait non seulement dans d'autres compagnies du même domaine que le vôtre (*benchmarking*) mais aussi dans des industries complètement différentes : c'est le *benchmarketing* !

La notion de modèle (*role modeling*) est bien ancrée dans le marketing révolutionnaire. Les opinions n'ont tout simplement pas leur place. **Seuls les résultats obtenus comptent.**

Vous devez aussi tout **mesurer.** Impossible d'expérimenter sans mesurer. Il ne s'agit plus de lancer des outils promotionnels et de se croiser les doigts en espérant que ça marche. Il faut plutôt faire des expériences en petite quantité et vérifier les réponses.

La notion de risque doit aussi être modifiée.

L'approche expérimentale permet de mesurer sans danger le succès potentiel de chacune de vos offres. Un marketing non testé peut littéralement brûler votre entreprise. Mais des stratégies bien éprouvées peuvent faire des miracles.

Notre approche sera **toujours** de payer un peu plus cher à l'unité au début pour produire de petites quantités de chaque offre et de valider chaque stratégie avant d'en lancer une plus grande quantité dans le marché.

Fini les contraintes !

Le plus excitant dans cette aventure du marketing révolutionnaire, c'est l'ouverture pour vous sur un monde fascinant de possibilités.

Il n'y a plus de règles dans les marchés d'aujourd'hui. Enfin si : il y a les règles que vous avez choisi de vous imposer.

Tout est maintenant possible si vous vous donnez la peine de voir les choses d'un œil différent.

Fini les règles en affaires. Mais attention ! Les règles du succès sont, elles, bel et bien vivantes.

Les 10 règles du succès

 Le marketing révolutionnaire est à la fois une science et un art. Il découle directement de l'utilisation de grands principes du succès dont les origines remontent déjà à plusieurs dizaines, voire à des centaines d'années.

10 règles à graver dans votre mémoire :

1. Le succès est un choix, un état d'esprit.

2. Le succès s'apprend par immersion : écoutez des cassettes, lisez des livres et participez à des événements de formation.

3. Mettez fin aux jugements et aux opinions.

4. Cessez de planifier : vivez l'instant présent.

5. Brûlez vos portes de sortie et permettez-vous de commettre des erreurs.

6. Utilisez la puissance d'un cerveau collectif.

7. Ayez confiance, ayez foi en l'univers.

8. Mettez vos énergies sur le « quoi » et non sur le « comment ».

9. Utilisez la Loi du moindre effort : placez-vous dans le « courant ».

10. Jouez votre rôle et amusez-vous.

Mais ce n'est pas tout : dans cette grande aventure en quête d'équilibre et de succès, vous pourrez compter sur l'aide des lois universelles, qui s'appliquent aussi... au marketing révolutionnaire !

3

L'application des lois de l'univers au marketing

L'application des lois de l'univers au marketing

L'univers est intelligent. Sage est celui ou celle qui sait intégrer cette intelligence dans la création et l'application de ses stratégies de marketing.

L'UNIVERS est vraiment extraordinaire. Son observation quotidienne permet de découvrir rapidement les points de vue à adopter pour réussir tant sur le plan professionnel que personnel.

Ces points de vue nous exposent rapidement à une lutte brutale entre de puissants alliés et de sérieux freins à la croissance. Les alliés sont peu répandus. Les freins sont partout. Ouvrez l'œil !

Les 3 alliés du marketing révolutionnaire

Le marketing révolutionnaire s'appuie sur des principes essentiels qui débordent le cadre de la mise en marché au sens traditionnel du terme.

Trois critères sont requis pour exceller en croissance : **la passion, la curiosité et l'insécurité**. Le véritable *dream team* du marketing révolutionnaire.

1. La passion

Les plus belles stratégies de marketing ne mèneront nulle part si les personnes derrière les coulisses ne sont pas de **véritables mordues des solutions** qu'elles veulent mettre en marché. En croissance, entre une personne enthousiaste et une personne très qualifiée, la personne enthousiaste aura toujours une longueur d'avance.

 Êtes-vous un passionné de votre travail ? Avez-vous hâte au lundi matin ?

Avant même de commencer à parler de marketing, vous devez prendre un peu de recul et vous assurer que vous adorez votre travail.

La meilleure question pour vérifier votre degré de passion est la suivante :

Que feriez-vous si vous aviez tout l'or du monde ?

2. La curiosité

Il faut apprendre à poser des questions sur tout. Earl Nightingale parle des « 6 honnêtes serviteurs » : Quoi, Où, Quand, Qui, Comment et Pourquoi.

C'est en posant des questions qu'on trouve des réponses. Les gens curieux sont plus aptes à s'interroger sur tout ce qui les entoure. Pourquoi ai-je acheté dans tel magasin plutôt que dans tel autre ? Pourquoi cet outil publicitaire a-t-il attiré mon attention ? Comment se fait-il que telle compagnie utilise ce genre de programme de bonification ?

Non seulement vous devez être curieux à propos de ce qui touche votre entreprise et votre industrie, mais vous devez aussi être curieux de tout ce qui se fait de nouveau dans les autres industries. Pourquoi ?

Parce que, je le répète, vos meilleures stratégies de croissance proviendront la plupart du temps d'industries différentes de la vôtre.

C'est en étant curieux que vous prendrez soin de vous interroger sans arrêt sur ce qui se fait ailleurs.

 Retenez cette question magique du marketing révolutionnaire : « Comment pourrais-je appliquer cette stratégie à mon entreprise, soit intégralement, soit en la modifiant légèrement ? »

Voici le principe : si une stratégie a fait ses preuves dans une industrie différente de la vôtre, les chances sont bonnes qu'elle donne de bons résultats dans votre domaine, **même si personne ne l'a encore jamais utilisée dans l'application que vous en faites.** Tant mieux ! Si personne ne l'a jamais utilisée, il s'agit d'une chance de **croissance explosive.**

3. L'insécurité

Comment ? L'insécurité serait un atout en croissance ?

Absolument ! Même si toute votre vie vous avez cru bon de vous entourer de sécurité, vous devez admettre que c'est dans vos gestes d'insécurité que vous avez probablement obtenu vos plus beaux élans de croissance.

La sécurité concerne ce que vous connaissez déjà, n'est-ce pas ? Vous connaissez ce qui vous entoure. Vous vous sentez en sécurité avec les choses, les circonstances, les événements et les personnes que vous connaissez déjà, pas vrai ?

Mais ce que vous connaissez déjà, c'est le passé !

Sécurité = prison du passé

Une équation pour le moins surprenante. Pourtant, lorsqu'on y pense, on se rend compte que la croissance ne se trouve pas dans le passé. La croissance ne se situe pas dans ce qui est connu. *La croissance fait nécessairement partie de l'inconnu, donc de l'insécurité.*

 Pour pleinement réussir en marketing révolutionnaire, vous devrez vous sentir en sécurité dans la plus totale insécurité.

En d'autres mots, vous devrez faire de plus en plus confiance à l'univers, qui vous amène jour après jour des occasions et des coïncidences qui peuvent vous conduire là où vous voulez. Toutefois, vous devrez faire confiance à ces occasions et vous laisser emporter par les courants de l'insécurité.

Les 5 freins à la croissance

Comme pour toute chose sur cette terre, il y a les atouts, mais il y a aussi les obstacles. En marketing révolutionnaire, nous avons cinq ennemis féroces : les opinions, la peur, la surprotection, la sécurité et la routine.

1. Les opinions

« Dans la vie, il faut se faire une opinion si on veut être quelqu'un. » Peut-être, mais en marketing, il faut détruire vos opinions si vous voulez performer.

Ce qui limite le plus souvent la croissance d'une entreprise, ce sont les croyances de ses dirigeants. Dans le monde des affaires d'aujourd'hui, il n'existe pratiquement plus aucune règle quant à ce qui est possible et à ce qui ne l'est pas. Ce sont les barrières des paradigmes qui peuvent empêcher votre entreprise de fleurir au point désiré.

La meilleure façon de se placer « dans les souliers de ses acheteurs », ce n'est pas de faire une longue étude de marché théorique, mais de procéder rapidement à l'expérimentation. Tout comme en science, l'expérimentation est ici la seule preuve qui compte. Pas l'opinion. Pas le raisonnement. Le test.

Les jugements, les arguments et les opinions doivent faire place à l'expérimentation, au partage des points de vue et à la mesure.

2. La peur

« La peur tue l'esprit » selon les sages de l'Orient. La peur est un grand frein à la croissance.

Ce qui fait peur, ce n'est pas l'inconnu. La vraie peur, c'est celle de perdre le connu.

En marketing révolutionnaire, on ne risque jamais l'entreprise sur une seule initiative. On procède par petits tests.

Un test ne peut jamais jeter votre entreprise au plancher. Les tests sont un excellent moyen de faire face à la peur.

L'une des peurs qui figent le plus la croissance, c'est la peur de **commettre des erreurs.** Pourtant les biographies des grands entrepreneurs nous enseignent que c'est souvent à travers les plus rudes épreuves, à travers les pires catastrophes, que les plus belles idées de croissance sont survenues.

Non seulement vous ne devez plus avoir peur des erreurs, mais vous devez les encourager !

Pour croître, vous aurez nécessairement à plonger dans l'inconnu. L'inconnu, c'est la passion, c'est l'excitation, c'est l'aventure.

3. La surprotection

Les changements technologiques et la circulation de l'information créent d'énormes pressions sur l'innovation et la mise en marché dans les entreprises.

Contrairement aux périodes précédentes, vous n'avez plus aujourd'hui deux ou trois ans pour réfléchir à la mise en marché d'une solution. Vous n'avez plus non plus 6 à 12 mois pour négocier chaque minime entente et en faire des contrats de nombreuses pages.

La vitesse est omniprésente. Vous devez agir très vite. Même au risque de vous tromper. C'est l'ère de l'action et non de la réflexion.

Pour augmenter la vitesse, il faut aussi **augmenter les alliances stratégiques**. Il faut réapprendre à faire confiance. La surprotection est un défi de taille, surtout à l'époque où une croissance sans alliance est devenue pratiquement impensable.

4. La sécurité

Pas de doute. La quête de sécurité est nécessairement derrière les hésitations et les occasions ratées.

« Gardez-vous des portes de sortie », nous dit le dicton. Pourtant, en marketing révolutionnaire, vous devez justement faire l'inverse. Vous devez plonger rapidement, quitte à faire quelques erreurs, puis rajuster le tir en cours de route. Pas de portes de sortie, s'il vous plaît.

L'engagement est primordial. Lorsqu'on se garde trop d'ouvertures, on tire partout. Il faut plonger avec enthousiasme et persévérance.

5. La routine

Personne n'a jamais dit que les affaires devaient conduire à une vie triste et ennuyeuse. La vie est un grand jeu. La routine détruit des entreprises et des vies.

La croissance exige que vous vous amusiez, que vous sortiez du quotidien. Ce n'est que lorsque votre cerveau aura appris à projeter de nouveaux scénarios sur l'écran de votre vie que la croissance pourra vraiment prendre son envol.

> Pour projeter de nouveaux scénarios, vous devrez prendre du temps pour vous, régulièrement. Du temps pour briser la routine. Du temps pour penser !

4

Le rêve à la base
de toute croissance

Le rêve à la base
de toute croissance

*Le premier rôle d'un dirigeant d'entreprise est de rêver. De rêver
à toutes les grandes choses que l'entreprise peut réaliser.
De rêver à la « photo » de l'entreprise telle qu'elle doit devenir.
Ensuite, il doit développer l'art de faire rêver le même rêve
à ses partenaires, clients et employés.*

Pas de rêves, pas de motivation !

LE MARKETING demande un engagement ferme. Et comme dans toute chose, pour s'engager, il faut être motivé.

Tout part d'une vision, tout part d'un rêve

Sans être trop philosophique, vous devez « voir » votre entreprise telle que vous aimeriez qu'elle soit dans l'avenir.

Le mot « vision » vient bien sûr de « voir ». Si vous aviez une baguette magique et que vous pouviez vous transporter d'un seul élan dans un, deux ou même trois ans : de quoi aurait l'air votre entreprise ?

Combien d'employés auriez-vous ? Quel serait votre chiffre d'affaires ? Quels seraient vos profits bruts et nets ? Dans quelles provinces, dans quels pays feriez-vous des affaires ? Combien de clients desserviriez-vous ? Auriez-vous toujours la même famille de produits et services ? Plus de solutions ? Moins de solutions ?

Auriez-vous des bureaux partout au pays ? Quels seraient vos revenus personnels ? Quelles seraient vos fonctions ? Dans combien d'années voudriez-vous vous retirer ? Comment allez-vous « sortir » de votre entreprise ? Combien d'heures par semaine travailleriez-vous ? Combien de semaines de vacances prendriez-vous par année ?

Vous devez répondre à toutes ces questions **très précisément.**

 Pourquoi ? Parce que la seule façon pour vous de réaliser votre vision… c'est d'abord d'en avoir une !

Tous les experts sont d'accord : vous devez littéralement **créer votre avenir.** Toutes les religions le disent chacune à sa façon : vous avez le pouvoir de créer votre avenir. Mais il vous faut choisir.

L'exercice suivant devrait vous permettre d'amorcer votre réflexion. Choisir le « quoi » est beaucoup plus important que de trouver le « comment ».

Chaque jour, il vous faudra visualiser votre entreprise de rêve, votre carrière de rêve, votre revenu de rêve, votre vie de rêve.

C'est en ancrant cette vision dans votre esprit que votre cerveau sera capable de voir les occasions qui vous permettront de vous y rendre.

Une vision évolue dans le temps. C'est pourquoi je vous propose de refaire cet exercice au moins une fois tous les trois mois, question de vérifier si la « photo » choisie tient toujours.

Exercice de création d'une vision d'entreprise et d'une vision d'entrepreneur

Étape 1

Choisissez vos revenus personnels

Quels sont les revenus personnels mensuels nets voulus ?

Multipliez par deux pour obtenir vos revenus bruts requis.

> La richesse se mesure en termes de **circulation**. L'objectif à poursuivre, c'est d'augmenter le débit. Comme on le dit du sang : *To grow, it must flow* (pour croître, ça doit circuler).

Étape 2

Choisissez les ventes de votre entreprise

Donnez-vous une fenêtre de temps de 2 à 3 ans au maximum pour ce choix.

Quel est le chiffre d'affaires voulu ?

Quel est le nombre d'unités à vendre ?

> En marketing, on travaille habituellement avec *un nombre d'unités* à vendre, plutôt qu'avec des dollars.
>
> Cela tient au fait qu'on mesure les performances des stratégies en fonction de certains « taux », comme le nombre de réponses provenant des retombées d'une publicité ou le nombre de clients à rencontrer pour faire une conversion.
>
> On utilise ensuite un revenu de vente moyen par unité pour estimer les ventes.

Quelle est la marge de bénéfices bruts voulue ?

Quelle est la marge de profits nets voulue ?

Combien d'employés travaillent pour vous ?
_____

Combien d'établissements avez-vous ?
_____

Dans quels pays faites-vous affaire ? (Soyez précis)
_____

Quels sont les produits et les services que vous vendez ?	Décomposez vos ventes ciblées par solution

Combien d'heures par semaine
travaillez-vous ?
_____

Combien de semaines de vacances
par année prenez-vous ?
_____

L'un des principes qui vous permettent non seulement d'augmenter les revenus et les profits de votre entreprise, mais aussi d'améliorer votre qualité de vie, est celui-ci : *vous devez de plus en plus limiter vos heures de travail.* C'est le principe magique de l'**orchestration**.

Ce principe signifie ceci : plus vous réduisez vos heures de travail, plus vous mettrez l'accent sur des activités rentables. En fait, vous devez chercher à devenir de plus en plus « inutile » à votre entreprise.

Pour réussir cette tâche, vous devrez vous entourer de plus en plus de personnes aussi fortes que vous, sinon plus.

Décrivez 5 activités que vous devrez faire pour devenir de plus en plus « inutile » à votre entreprise :
_____
_____
_____
_____
_____

Pour terminer cet exercice de vision, quelques « rêves » un peu plus personnels, afin de mettre du piquant dans vos décisions et d'allumer un désir brûlant d'agir :

Nommez les trois choses matérielles que vous aimeriez vous procurer d'ici 1, 2 ou 3 ans (soyez précis – montant, couleur, prix, etc.).
_____
_____
_____

Donnez les trois buts non matériels que vous aimeriez atteindre
(famille, développement personnel, causes sociales, etc.).

_____

_____

_____

_____

Bravo !

À présent que vous avez des rêves, vous êtes en mesure de voir l'importance de l'action et la puissance du marketing révolutionnaire.

Vous devez revoir, relire et rendre de plus en plus vivante votre vision. Le « Quoi » sera toujours plus important que le « Comment ».

> Soyez vigilant : l'univers vous lance des occasions
> et des réponses chaque seconde.

5

Le marketing moderne :
un art scientifique !

Le marketing moderne :
un art scientifique !

*En orchestrant scientifiquement chaque effort de mise en marché,
vous permettez à votre créativité et à votre intuition de prendre
leur pleine vitesse. La croissance de votre entreprise suit
dorénavant le parcours des « sauts quantiques ».*

La croissance par escalier

L A VITESSE des marchés s'accélère. Les solutions deviennent désuètes de plus en plus rapidement. L'information circule partout presque instantanément. Tout cela nous amène à la conclusion que **la croissance prend des allures de « saut »**.

Les physiciens ont découvert depuis plusieurs années déjà que les électrons qui gravitent autour des noyaux de protons dans chaque atome de matière ne peuvent occuper que certaines orbites stables. C'est maintenant au tour des gestionnaires de faire la même découverte.

Les pressions sur la croissance ou la décroissance sont énormes. Une entreprise stable est presque devenue une exception. Aujourd'hui, vous devez prendre votre marché, sinon vos nouvelles idées seront utilisées par quelqu'un d'autre.

 Que faire ? Dès que vous émettez une nouvelle idée, une nouvelle façon de vendre, une nouvelle méthode pour rémunérer vos employés, une nouveauté quelconque, il faut rapidement en profiter.

Cela nous amène au concept de croissance « quantique ». Cette idée révolutionnaire dans le domaine la croissance signifie simplement que vous devez penser à un escalier. Une croissance continue, progressive est de plus en plus difficile à réaliser. Non seulement vous devez faire vite pour profiter pleinement de vos innovations, mais vous devez assurer une bonne fréquence d'innovations.

Rappelons-nous ce que Peter Drucker a dit : « Parce que son but est de créer un client, une entreprise n'a que deux et seulement deux fonctions : le marketing et l'innovation. Le marketing et l'innovation donnent des résultats, tout le reste est des coûts. »

Je vous pose la question suivante : dans votre entreprise, avez-vous affecté une partie du personnel à la mise en marché ainsi qu'une autre à l'innovation ? Non ? Pourtant, vous avez probablement du personnel qui s'occupe de la comptabilité, de la gestion de coûts, de la gestion de ressources humaines et de vos finances, n'est-ce pas ?

Nous sommes passés à l'ère de la mise en marché et de l'innovation. Vos priorités de gestionnaire doivent aussi migrer des coûts et des ressources humaines vers le marketing et l'innovation.

Non seulement votre entreprise doit d'abord et avant tout devenir une entreprise de mise en marché, mais vous devez aussi vous assurer de vous maintenir à jour sur tout ce qui se fait de nouveau en croissance.

La quantité d'information qui circule à travers la planète double tous les cinq ans. L'information en ce qui concerne la mise en marché double encore plus rapidement.

De la phase I vers la phase II

L'escalier de la croissance débute par la phase I.

En **phase I**, les priorités de l'entreprise sont les suivantes :

1. La gestion de coûts

2. La gestion des ressources

3. Le contrôle de la qualité

4. Le marketing réactif

Cette phase est bien sûr essentielle. Toute entreprise doit d'abord s'assurer qu'elle offre des solutions de qualité à des coûts intéressants.

Mais attention ! Une entreprise ne peut plus se permettre de rester très longtemps en phase I. Très rapidement, elle doit « embrayer » en phase II.

Une entreprise en **phase II ou en phase de commercialisation active** se reconnaît selon trois critères :

1. Chaque membre du personnel a comme première fonction le **marketing**.

2. L'entreprise est à 100 % proactive en mise en marché. Cela signifie que chaque dollar dépensé en marketing doit **rapporter et être mesuré**. Le marketing et les ventes deviennent des **dépenses directes** et non fixes.

3. L'entreprise devient **apte à dire non** en ciblant la clientèle capable de payer pour la qualité des solutions offertes.

Il faut habituellement de **6 à 18 mois** à une entreprise pour effectuer un passage en phase II.

Les étapes du passage en phase II

Pour passer en phase II, une entreprise doit se soumettre à une réorganisation intensive, mais très excitante. Le prix d'un tel passage est de faire preuve d'une extraordinaire flexibilité par rapport au travail.

Cette flexibilité vous permet de conduire votre entreprise dans des domaines très diversifiés et de faire des percées rapides en « injectant » vos nouvelles solutions dans votre « machine » de mise en marché.

Les 15 étapes du passage en phase II

- L'orchestration des solutions
- La revue de la structure des ressources
- La préparation d'une pyramide stratégique (processus de gestion itérative pour gérer la croissance et le marketing)
- La mise en place des processus de vente et de marketing
- La définition des objectifs
- La mise en place d'un programme global de rémunération variable et d'un programme de motivation
- L'instauration d'un programme de suivi de marketing et la tenue d'un système de classement
- La préparation des outils de gestion des clients
- Le processus de réunions et de communication
- Le système de feed-back et d'évaluation
- Le programme de rotation « anti-routine » des employés
- Les rapports de performance

- Le programme de financement
- La planification de la capacité de livraison
- Le programme de recrutement et de formation des ressources humaines

----

Ces étapes représentent la séquence des priorités requises pour amorcer un passage en phase II.

Toute l'organisation doit accomplir ce passage. Les stratégies de marketing révolutionnaire proprement dites se situent à l'étape de l'implantation de l'outil de gestion de croissance appelé « la Pyramide Stratégique^{MC} ».

Les phases III et IV

La **phase III** concerne le statut d'une entreprise publique.

Mais attention ! Les pressions sur une entreprise publique sont immenses au chapitre de la croissance. Malheureusement, trop d'entreprises laissent prédominer leur appétit d'un « gain financier rapide » et sautent directement de la phase I à la phase III, sans digérer la phase II.

En phase III, une entreprise doit répondre rapidement aux exigences des actionnaires. De plus, les pressions quant à la mise en marché sont considérables.

La **phase IV** apporte l'avantage des leviers internationaux comme la monnaie, les taux de change et les différents niveaux de coûts de main-d'œuvre, pour développer des stratégies internationales de production, de livraison et de vente.

Réfléchissez bien aux niveaux de « stabilité » les plus prometteurs pour votre entreprise avant d'établir l'amplitude de chaque saut de croissance.

Une fois les plateaux choisis, vous devez donner une identité propre à l'entreprise pour qu'elle attire les bons types de clients potentiels. C'est l'étape du positionnement.

6

Êtes-vous bien positionné ?

Êtes-vous bien positionné ?

*Vous ne pouvez servir tout le monde. Vous devez choisir
dès le départ le type de clients que vous souhaitez servir.
Beaucoup de clients en offrant de bas prix ou peu
de clients en demandant des prix élevés.
Quel est votre choix ?*

SI LA MISE en marché, le travail et les affaires se font au prix de travailler 80 heures par semaine, de ne plus voir vos enfants et de ne plus avoir de vie personnelle, à quoi bon ?

L'un des concepts les plus importants en marketing révolutionnaire est **l'orchestration.**

L'orchestration implique que vous organisiez votre travail et vos activités professionnelles afin de produire le maximum de résultats et de satisfaction en y mettant le moins de temps et le moins d'efforts possible.

Le but n'est pas de travailler fort! Cela vous étonne?

Le but est de travailler sur les bonnes choses. D'activer les bons leviers. Un levier est un mécanisme qui vous permet de multiplier la force d'un effort. Le principe s'applique en sciences, mais aussi en affaires.

Vous devez consacrer du temps à orchestrer votre organisation. Si vous voulez réduire vos semaines de travail, vous devrez :

1. Investir du temps pour gagner du temps.

2. Devenir remplaçable.

Pour équilibrer votre vie et réussir en marketing révolutionnaire, vous devez accepter de devenir remplaçable. Votre ego n'aime peut-être pas cette idée, pourtant il s'agit d'une clé essentielle pour se donner une vie d'affaires équilibrée.

En devenant de plus en plus remplaçable, en vous entourant de plus en plus de personnes plus fortes que vous, vous ferez appel à la puissance du cerveau collectif et pourrez progressivement vous éloigner de l'entreprise. Non pas pour ne plus rien faire du tout, mais pour passer à un autre niveau.

Le marketing a aussi comme but de devenir inutile. Si vous orchestrez votre mise en marché correctement au cours des premières années, vos clients actuels vous donneront de plus en plus de références ; ainsi, vous aurez de moins en moins besoin de faire de la prospection et du développement direct de nouvelle clientèle.

Cela peut sembler paradoxal de réfléchir aux méthodes et aux moyens pour vous de devenir moins « important » pour votre entreprise au moment où vous êtes en train de chercher des moyens de la faire croître.

Pourtant, si vous ne réfléchissez pas rapidement à votre orchestration, vous aurez beaucoup de difficulté à obtenir une vie équilibrée et à jouir des fruits de votre travail.

Le positionnement de votre entreprise

Votre entreprise elle-même doit être positionnée correctement. Vous devez investir du temps de réflexion sur le **thème** de votre entreprise. Par thème, j'entends le genre de solutions et le genre de clients que vous cherchez à regrouper.

Dans votre industrie, vous devez choisir entre trois positions. Deux sont très valables et la dernière est plus incertaine. Cela se nomme l'exercice du **triangle du marché.**

Mais avant de vous présenter ces notions, répondez à la question suivante : Qui a vraiment besoin de ce que vous avez à vendre ? Prenez un bout de papier et écrivez. Surtout, soyez précis !

Si vous avez répondu que « tout le monde » pourrait avoir besoin de ce que vous offrez, vous avez un problème. En cherchant à vendre à tout le monde, en cherchant à attirer l'univers, vous risquez de n'intéresser personne.

Prenons un exemple.

> Vous êtes concessionnaire de voitures. Vous avez choisi d'offrir à la fois des véhicules de base, plutôt bas de gamme, et des voitures très luxueuses à prix élevé. Vous utilisez cette approche en espérant couvrir un marché très large et maximiser vos ventes.
>
> Toutefois, au bout d'un certain temps, vos ventes stagnent. Vous avez de la difficulté à attirer la clientèle. Que se passe-t-il ?
>
> Les clients qui seraient peut-être intéressés par vos voitures de luxe se disent : « Nous ne devons pas venir ici, regarde, ils vendent du bas de gamme ; leur service ne doit pas être très bon. »
>
> De l'autre côté, les clients qui auraient besoin de vos modèles de base sont repoussés parce qu'ils croient que vos prix seront très élevés, étant donné que vous vendez aussi des modèles de luxe.

■■■■ En cherchant à attirer tout le monde, vous n'attirerez personne !

Le triangle du marché

Vous avez donc un choix à faire : voulez-vous offrir des produits et des services (Ouash ! Je déteste utiliser ces mots. Je les tolérerai jusqu'au chapitre 9...) haut de gamme en moins grande quantité, mais avec des marges de profit plus intéressantes, ou cherchez-vous à vendre beaucoup d'unités avec une plus petite marge de profit ?

Vous devez choisir votre position dans le triangle du marché.

Vous devez choisir la position n° 1 si votre objectif est d'offrir de la haute qualité et la position n° 3 si vous optez pour le volume. Toutefois, il faut éviter la position du milieu.

La majorité des entreprises, en cherchant à exploiter simultanément tous les marchés, ne réussissent qu'à semer de la confusion chez leurs acheteurs potentiels.

Soyez cohérent du début à la fin

Pour rentabiliser vos efforts de mise en marché, toute votre stratégie de distribution doit être **cohérente**.

La cohérence signifie que le degré de qualité de vos produits ou services, celui de vos distributeurs, celui de votre service à la clientèle, la teneur de votre garantie et vos prix se tiennent dans une même philosophie.

Si vous misez sur le haut de gamme, la position n° 1, vous devez vous assurer que tous les intervenants dans la chaîne de production et de livraison, qu'ils fassent directement partie ou non de votre entreprise, soient perçus comme des gens qui mettent la qualité au premier plan, et ils doivent agir en tant que tels.

Si vous optez pour le volume, vous devez offrir le bon niveau de qualité, sans plus, et le minimum de service acceptable ; mais, par-dessus tout, vous devez cherchez par tous les moyens à réduire vos coûts.

Il est très ardu pour la même entité commerciale de jouer sur ces deux tableaux en même temps. Il est difficile de vendre des hamburgers dans un restaurant français de luxe, ou des filets mignons dans un restaurant de type *fast food*.

Un exemple d'incohérence serait d'offrir de la très haute qualité tout en soumissionnant par offre de service dans un processus où seuls les prix comptent.

Si vous optez pour la position n° 3, axée sur le volume, assurez-vous de bien localiser votre entreprise pour éviter que les coûts de transport ne « mangent » tous vos profits. Les marchés canadiens sont souvent trop petits pour jouer un match basé sur le volume.

La réflexion sur l'orchestration de vos activités et sur le positionnement de votre entreprise est essentielle. Vous devez l'achever avant de commencer à penser aux approches de marketing.

> Après tout, même en déployant les meilleures stratégies de mise en marché, si vous courez vers l'Est, vous ne verrez jamais un coucher de soleil !

7

L'équipe du marketing révolutionnaire

L'équipe du marketing révolutionnaire

Pourquoi la division de la mise en marché n'aurait-elle pas une équipe à part entière en son sein ? Pourquoi auriez-vous besoin de plus de gens pour « compter les coûts » que pour réaliser les ventes ?

ON DIT souvent qu'une bonne entreprise bien dirigée peut connaître beaucoup de succès et de croissance peu importe sa structure organisationnelle.

D'accord. Toutefois, comme il faut un minimum de structure pour fonctionner, autant se doter d'un modèle qui favorise une croissance explosive.

La philosophie organisationnelle en phase II

Une entreprise en phase II s'appuie sur une gestion très participative. Elle favorise l'approche « à livres ouverts », dans laquelle tous les employés sont inclus dans le secret des dieux.

Idéalement, une entreprise en phase II permet à ses employés de choisir leurs salaires, leurs horaires de travail et leurs fonctions. Pas de définitions de tâches, pas de programme de supervision.

Cette entreprise favorise une approche démocratique en ce qui concerne les décisions. L'entreprise doit déménager ? Tout le monde vote pour déterminer le nouvel endroit.

Les profits de l'entreprise sont connus de tous. Comme les employés choisissent leurs salaires, le montant de ces salaires est connu de tous.

Régulièrement, on exerce une rotation du personnel dans différents postes. Cela brise la routine et permet que chacun acquière une vision d'ensemble de la compagnie. Impossible ? Peu fréquent, peut-être. Mais certes pas impossible.

Une entreprise en phase II fait appel au côté noble de tous ses employés, non pas en les encadrant et en les supervisant, mais en les traitant comme des adultes responsables.

Tout le monde participe à l'effort de marketing. L'entreprise entière doit passer en phase II et non seulement la division des ventes et du marketing.

Les fonctions clés

Cinq fonctions sont importantes : la vision, le markevente, l'innovation, la gestion des commandes et le contrôle.

1. La vision

Cette fonction est occupée par les dirigeants de l'entreprise. Principalement, elle a pour but d'assurer une bonne orchestration des activités et une vision juste de la destination visée.

Le financement de l'entreprise, les grandes alliances stratégiques ainsi que la direction générale font aussi partie de cette fonction.

2. Le markevente

En phase II, vente et marketing sont inséparables. Ces deux fonctions ont le même but : vendre.

Une définition du marketing passée à l'histoire décrit le marketing comme du *salesmanship in print* ou de « la **vente** par écrit ».

Les entreprises qui séparent la vente du marketing donnent naissance à une foule de querelles non constructives entre les « créateurs en marketing » – qui passent la majorité de leur temps à concevoir des plans de marketing sans avoir de crédibilité auprès de l'équipe de vente – et les membres de l'équipe de vente – qui se servent, pour fonctionner, d'outils de mise en marché fabriqués « sur le coin du bureau ».

 Sans conteste, il est recommandé de fusionner les deux divisions en une seule pleinement intégrée : la division du **markevente.**

Les activités de stratégies de marketing influent directement sur la performance de l'équipe de vente.

Si, par exemple, les outils et les promotions de marketing n'attirent pas les « bons » clients potentiels, les représentants gaspilleront inutilement leur énergie à tenter de convertir des prospects qui ne sont pas vraiment intéressés.

D'un autre côté, l'équipe de vente qui agit toute seule court le risque d'aborder les clients potentiels de façon inadéquate, n'ayant pas fait au préalable le bon travail d'échantillonnage des clients. L'intégration est essentielle.

Les 15 principales fonctions d'un directeur de markevente

1. Développer et gérer la pyramide stratégique – l'outil pour gérer la croissance.

2. Développer, concevoir et mettre en place les stratégies de mise en marché.

3. Développer les séquences de prospection, de conversion, de livraison et d'ancrage.

4. Superviser l'équipe de conversion (vente).

5. Gérer la liste des clients.

6. Développer les alliances stratégiques.

7. Développer les bonnes offres : *pricing, packaging*, etc.

8. Se tenir à jour sur les nouvelles stratégies de mise en marché.

9. Assurer le service à la clientèle (à distinguer du soutien technique).

10. Superviser les gros comptes.

11. Travailler conjointement avec le responsable de l'innovation pour créer de nouvelles solutions.

12. Diriger et orchestrer les réunions et les rapports de markevente.

13. Accumuler l'information sur la compétition.

14. Assurer le recrutement, l'évaluation et la formation du personnel en markevente.

15. Bâtir le programme de rémunération variable pour toute l'entreprise.

3. L'innovation

Tout comme la division de markevente, celle de l'innovation est souvent absente des entreprises. L'innovation est pourtant au cœur de la croissance et de la santé d'une organisation, particulièrement dans un contexte économique aussi rapide que le nôtre.

L'innovation ne se limite pas aux découvertes technologiques raffinées. La création d'un nouvel emballage, le choix d'un nouveau nom de produit ou le regroupement de plusieurs solutions en une sont tous des exemples d'innovation.

Il est essentiel pour vous et pour votre entreprise d'avoir au moins une personne qui se gratte la tête à plein temps pour concevoir vos nouveautés et vos offres.

Les 8 principales activités en innovation

1. Trouver et collecter des idées.
2. Préparer des stratégies de tests pour mesurer l'impact des nouvelles idées.
3. Concevoir de nouvelles solutions.
4. Raffiner les solutions actuelles.
5. Trouver de nouvelles applications aux solutions actuelles.
6. Assurer le recrutement, l'évaluation et la formation du personnel en innovation.
7. Réfléchir aux implications de l'innovation sur la production et la gestion des commandes, ainsi qu'aux coûts des nouvelles solutions.
8. Analyser conjointement avec le responsable du markevente différents aspects comme l'emballage, l'apparence et la présentation des solutions.

----

4. La gestion des commandes

Traditionnellement, c'est ce qu'on appelait la production. Depuis l'avènement de la « réingénierie des processus d'affaires », les entreprises voient leurs activités non plus comme une hiérarchie de fonctions, mais plutôt comme une séquence d'activités regroupées dans des processus destinés à offrir des solutions spécifiques aux clients.

■■■ L'entreprise est vue à travers les yeux d'un client.

On parle donc de responsabilités de « gestion des commandes » ou de « livraison des solutions ». Cette approche met l'accent sur l'intégration de toutes les activités requises pour offrir une solution. Cela se passe comme si on « suivait » le cheminement d'une solution à travers des fonctions au lieu de suivre des fonctions par lesquelles passent des morceaux de solutions.

Les 6 principales activités de la gestion des commandes

1. Gérer la totalité du processus de production ou de gestion des commandes : achats, calendrier, production, inventaire, livraison physique. Cette séquence s'applique autant à la production de produits qu'à la livraison de services.

2. Gérer l'entretien et les équipes de soutien.

3. Gérer le soutien technique aux clients.

4. Gérer les ressources humaines. Dans le cas de très grandes entreprises, cette fonction peut être ajoutée aux cinq grandes fonctions d'une entreprise en phase II.

5. Assurer l'amélioration continue des processus de gestion des commandes.

6. Assurer l'évaluation, le recrutement et la formation du personnel de livraison de solutions.

---

5. Le contrôle

Pour la majorité des entreprises, le contrôle se résume à des activités de comptabilité de base – tenues de livres, production des états de résultats, etc.

Pourtant, le rôle du contrôleur porte sur des aspects beaucoup plus larges que des questions de livres et de comptes clients.

Le but du contrôle, c'est d'abord de fournir aux autres fonctions tout ce dont elles ont besoin pour bien diriger leurs activités. Rapports, données, systèmes de mesures, etc.

Le contrôleur doit être l'expert en systèmes d'acquisition de données, en systèmes informatiques et en préparation de rapports significatifs.

Par exemple, si le directeur du markevente a besoin d'information sur les taux de conversion de ses représentants, il doit pouvoir demander au contrôleur de mettre en place un système pour accumuler et rapporter cette information.

Les 7 activités de la division du contrôle autres que la comptabilité

1. Accumuler, suivre et préparer les données requises par les quatre autres fonctions clés.

2. Gérer le système d'information.

3. Gérer le système informatique.

4. Concevoir les systèmes et les processus de suivi pour les autres fonctions.

5. Voir au classement de tous les rapports et de toutes les données de l'entreprise quant aux futures références.

6. Développer des stratégies de réduction d'impôts.

7. Se tenir à jour sur tous les programmes de subventions et de crédits.

Une entreprise en phase II ne peut fonctionner efficacement que si ces cinq grandes fonctions sont bien exécutées.

> Même si on parle de fonctions, l'entreprise en phase II met l'accent sur les processus plutôt que sur la hiérarchie. L'entreprise en phase II donne à ses ressources toute la flexibilité requise pour qu'elles utilisent au maximum leur potentiel humain, dans une gestion hautement participative et ouverte.

8

Go direct

Go direct

Fini l'époque de la place du marché. Fini l'époque de la représenta-tion « porte à porte ». Aujourd'hui, l'information nous permet de retracer rapidement les clients ciblés. L'heure est à la relation directe entre le consommateur et le manufacturier. L'image est reléguée au second plan, le message, au cœur de l'action !

AU FIL DES ANS, le marketing a hérité de plusieurs définitions. Malheu-reusement, ces définitions ne sont pas toujours très cohérentes entre elles.

De la simple publicité, en passant par la communication, l'image, la vente, la conversion, la prospection, la commercialisation, la mise en marché, l'édu-cation, l'information, et j'en passe, beaucoup de confusion se produit quant au vrai rôle du marketing.

Le marketing équivaut-il à la publicité ?

Beaucoup pensent que oui. Pourtant, la publicité n'est qu'un mince aspect de la mise en marché. Le marketing est l'art de mettre vos solutions en marché. Il est l'art de rendre vos solutions connues et intéressantes pour le marché.

Le mot « publicité » se traduit en anglais par *advertising*. La publicité proprement dite touche la diffusion d'annonces imprimées et audiovisuelles dans des médias.

La publicité n'est qu'UN des canaux de mise en marché dont vous disposez.

Au moment de l'arrivée de la télévision, le bon vieux marketing classique a pris une tangente plus ou moins bonne vers l'utilisation de l'image.

En soi, faire la promotion de l'image n'est pas mauvais. Cependant, la promotion de l'image d'une entreprise *sans aucune allusion à un produit ou à un service* est passablement plus critiquable.

Voici une dure réalité de la vie :

La chose la plus importante pour un être humain, c'est... lui-même !

Vous, tout comme vos clients, êtes d'abord préoccupé par une chose : votre propre bien-être. **Et c'est parfait ainsi.**

Sans tomber dans la morale, l'important est de bien comprendre qu'au fond vos clients « **se fichent de vous et de votre entreprise** ». Ce qui les attire vers vous, c'est votre capacité de satisfaire l'un ou l'autre de leurs désirs.

Je sais, c'est un peu cru. Mais c'est la réalité !

Les lacunes du marketing institutionnel ou du marketing d'image

L'image de votre entreprise est-elle importante ? Possiblement.

 L'image de votre entreprise est-elle l'aspect le *plus* important pour vos clients et pour votre approche de la mise en marché ? Certainement pas !

Je le répète, ce n'est pas votre personne, ni votre mission, ni votre vision, ni votre historique, ni la couleur de vos cheveux qui comptent pour vos clients, **c'est votre capacité à trouver une réponse à leurs demandes**.

Dès l'instant où vous prenez conscience que vos clients n'ont fondamentalement pas d'intérêt pour vous ni pour votre entreprise, vous cessez de mettre l'accent sur votre image pour le mettre sur la présentation d'offres concrètes.

Le marketing d'image ou institutionnel a pris une ampleur de taille avec la télévision. Au début, les premières publicités télévisées gardaient malgré tout un accent majeur sur la présentation de produits et services, avec des démonstrations, des témoignages et des offres précises.

Puis le monde de la créativité a rapidement pris le pas, offrant des publicités de plus en plus spectaculaires et de plus en plus créatives. La publicité est devenue du divertissement et de l'éclat.

Cela a eu pour conséquence que les budgets de promotion sont de plus en plus élevés sans nécessairement que la croissance des ventes n'y soit proportionnelles.

Le marketing institutionnel s'appuie sur **le principe du conditionnement** : À force de voir votre nom ou votre logo d'entreprise un peu partout, le client potentiel optera « automatiquement » pour votre proposition le jour où il aura besoin de ce que vous vendez.

Ce type de marketing peut dans une certaine mesure donner des résultats. Mais à quel prix ! Cette forme de mise en marché demande des budgets considérables, sans garantir de résultats.

Voici quelques exemples typiques de ce genre de marketing : des affiches où n'apparaît qu'un nom d'entreprise ou un logo, des brochures corporatives qui mettent l'accent uniquement sur l'entreprise, sa mission et sa vision, des publicités institutionnelles sans offres ni même de numéro de téléphone pour commander ou s'informer.

La majeure partie du marketing en circulation présentement est basé sur le marketing d'image. Ce marché est dirigé par d'extraordinaires et talentueux créateurs, mais ceux-ci oublient trop souvent le but fondamental de la mise en marché :

Le but du marketing, c'est de vendre ! Le but du marketing, c'est de bâtir des relations de confiance avec des clients. Le but du marketing, c'est de créer des avenues qui suscitent une rencontre entre un client potentiel et un représentant.

Voici une règle extraordinaire à utiliser pour mesurer à l'avance l'impact d'un outil de promotion :

Posez-vous la question suivante : Cet outil pourrait-il remplacer un représentant ?

Si oui, il a de bonnes chances de réussir. Si non...

Le marketing réinventé

Le marketing révolutionnaire est en quelque sorte le retour du marketing original, appuyé par des moyens de communication entièrement renouvelés.

En marketing révolutionnaire, chaque dollar dépensé en stratégies et en outils doit rapporter. Chaque dollar est mesuré et suivi.

Ce qui compte, c'est de provoquer un geste de la part du prospect. Une action. Le plus rapidement possible.

Chaque initiative de marketing doit comporter une offre concrète faite au client potentiel à qui l'on demande d'agir **maintenant** par rapport à cette offre.

Comme tout bon outil de mise en marché doit jouer le même rôle qu'un représentant, il doit nécessairement présenter une solution précise et une offre précise afin d'amener le client potentiel à faire un geste concret et mesurable.

La définition

Parmi les définitions du marketing, vu dans son ensemble, d'un point de vue stratégique, l'une englobe la quasi-totalité de son rôle au sens large du terme.

Le marketing est le cœur de votre entreprise. Il est votre raison d'être. Sans mise en marché, tous les efforts que vous avez mis chaque jour pour bâtir, concevoir et offrir des produits et services de qualité, ainsi que tous les efforts de vos employés, collègues, fournisseurs et partenaires resteront dans l'ombre.

La mise en marché détermine ce que vous récolterez de vos efforts. La mise en marché est devenue votre principal avantage ou désavantage concurrentiel.

Il existe de moins en moins d'écart entre les produits et services sur le marché en ce qui concerne la qualité. L'information circule de plus en plus rapidement et de plus en plus librement. Tout le monde a accès aux mêmes technologies.

On doit en tirer la conclusion suivante : la qualité ne peut plus à elle seule vous aider à vous distinguer. La mise en marché peut et doit devenir votre plus grande priorité !

Mettez toutes les chances de votre côté
en adoptant la définition suivante :

Le marketing, c'est
**OFFRIR LA BONNE SOLUTION
AU BON CLIENT
PAR LE BON CANAL
AU BON MOMENT**

9

Vendre des produits et des services ? Pas question !

Vendre des produits et des services ? Pas question !

Il est impossible de vendre des produits et des services.
Les clients achètent des bénéfices. Ces bénéfices se traduisent
en solutions et en aventures.

Pour la majorité des entreprises, l'objectif est de vendre des *produits* ou *services*. Mais pour les entreprises qui adoptent la philosophie du marketing révolutionnaire, l'objectif n'est jamais de vendre un « produit » ou un « service ».

Leur but est plutôt d'établir des relations de confiance à long terme avec des clients.

Votre entreprise est en affaires pour une seule raison : bâtir des relations de confiance à long terme avec des clients !

Et pour bâtir de telles relations, que devez-vous faire ? Écouter les besoins de vos clients ? C'est ce qu'on dit. Pourtant...

Devez-vous vraiment écouter les « besoins » de vos clients ?

Commençons par le commencement. Vos clients achètent-ils vraiment un produit ou un service lorsqu'ils vont vous voir ? Pas vraiment.

Vous cherchez à vendre un produit ou un service. Mais ce n'est pas ce que vos clients recherchent.

Que cherchent vos clients ?

 Il est impossible de vendre des produits et des services ! Personne n'achète des produits et des services. Il n'y a que deux choses que vous puissiez vendre : **des solutions et des aventures !**

Vos clients ont besoin de solutions, parce qu'ils ont des problèmes. Chacun de vos clients représente une chaîne sans fin de problèmes.

Prenez conscience que les problèmes de vos clients sont presque toujours plus importants que les solutions que vous avez à leur proposer. Votre rôle est de trouver quels problèmes se cachent chez vos clients.

Pourquoi votre cycle de vente est-il si long ?

 Vous trouvez que votre cycle de vente est trop long ? Vous pensez que vos clients potentiels prennent une éternité à se décider ?

Sachez que ce n'est pas en continuant à parler des **caractéristiques** de vos produits et services que vous accélérerez les choses.

Vos clients sont à la recherche de **bénéfices**. Des bénéfices qui peuvent répondre à leurs problèmes.

Un client n'achètera jamais votre solution tant qu'il ne sera pas convaincu que vous avez compris son problème. C'est à *vous* d'aider votre client potentiel à bien cerner son problème.

Pour réussir dans cet exercice, vous devez apprendre à remonter au véritable problème et non seulement à la demande initiale du client.

Prenons un exemple.

Un client potentiel vous dit qu'il a besoin d'un nouvel échangeur d'air pour sa maison. Si vous vous lancez immédiatement dans des explications sur les dizaines de modèles d'échangeurs d'air que vous avez et que vous lui faites une liste exhaustive de toutes les caractéristiques — puissance du moteur, mètres cubes d'air par seconde, et je ne sais quoi —, vous risquez sérieusement de perdre la vente.

Votre prospect *a fait l'hypothèse*, en raison de son expérience limitée du domaine, qu'un échangeur d'air pourrait régler son problème. Il a peut-être lu un article sur les échangeurs d'air, sans plus. Il est donc possible qu'un échangeur d'air ne soit pas du tout la bonne ou la meilleure solution pour lui.

Qu'arrivera-t-il si vous ne prenez pas la peine de définir le problème de votre client? Vous parviendrez peut-être, en « mettant le paquet » sur les caractéristiques de vos produits, à lui faire acheter un échangeur d'air. Cependant, si cette solution n'est pas la bonne pour lui, vous aurez fait une *vente*, mais vous aurez perdu une *relation de confiance*.

Il vous faut donc d'abord vérifier ce qui incite le client à demander de l'information sur les échangeurs d'air. Peut-être trouve-t-il ses factures d'électricité trop élevées et qu'il cherche des moyens de réduire ses coûts? Des produits d'isolation seraient probablement une meilleure solution.

Même si vous ne vendez que des échangeurs d'air, il vous faudra malgré tout examiner le problème entier du client plutôt que de simplement essayer de vendre votre parcelle de solution. Si votre cycle de vente est trop long, c'est possiblement parce que votre client n'a pas confiance dans la solution que vous lui proposez ou qu'il n'a pas lui-même encore compris son véritable problème.

Tout le monde vend des solutions

Mieux vous comprenez le problème global de votre client, plus vous l'aiderez à trouver la meilleure solution globale et plus rapidement il se procurera *votre* solution.

Prenons un autre exemple.

> Vous vendez des services de consultation en productivité. Au premier appel d'un client potentiel, vous sautez sur l'occasion pour lui décrire toutes les caractéristiques, les prix, les heures de disponibilité, etc. de votre service de consultation, sans avoir pris le temps de comprendre le problème de votre interlocuteur.

> Vous attendez, vous rappelez même le client, mais celui-ci ne vous redonne plus signe de vie. Que se passe-t-il ? **Son problème est plus gros que votre solution.**

> Avant de parler de votre service, il aurait été préférable de trouver le problème global qui l'a fait vous appeler. Le client cherche peut-être à entrer sur le marché du Mexique *et il prévoit* avoir besoin de plus de capacité pour répondre à son nouveau marché.

> Vous devez vous demander quels sont les problèmes qui accompagnent une croissance de capacité.

> Quel est le vrai problème du client derrière son incapacité à bâtir un bon réseau de distribution au Mexique ? Peut-être a-t-il des questions sur les échanges internationaux ? Peut-être hésite-t-il entre augmenter sa propre production ou utiliser un sous-traitant au Mexique ? Peut-être se cherche-t-il tout simplement un point de contact au Mexique pour comprendre ce marché ?

Tant que votre client potentiel n'aura pas trouvé les réponses à toutes ses questions, il ne sera pas tenté de conclure rapidement une transaction avec vous.

Mieux vous aiderez votre client à régler la totalité de son problème, meilleures seront vos chances de lui vendre rapidement votre morceau de solution.

La différence entre vendre un produit ou un service et bâtir une relation de confiance à long terme est que, dans le premier cas, *vous* parlez de *vos* options et des caractéristiques de *vos* produits, tandis que, dans le deuxième cas, *le client* vous parle de *son* problème.

Et les aventures ?

Un problème omniprésent dans la société est la routine. Vos clients potentiels, consommateurs ou entreprises, cherchent tous des moyens de briser le cycle « métro-boulot-dodo ».

Si vous enrobez vos offres d'un contexte *d'aventures,* vous les vendrez avec beaucoup plus de facilité.

Votre client achète beaucoup plus qu'un simple objet ou service.

 D'abord, il achète l'aventure d'acheter. Ensuite, il achète une solution à un problème concret ou à un désir de briser la routine. Puis, il achète la « manière » dont vous lui offrez votre solution. Il achète tout ça ! L'emballage, le prix, le canal de mise en marché, tout.

Il existe toujours une façon d'offrir ce que vous avez à offrir dans un contexte d'anti-routine.

Prenons un exemple.

Vous importez du vin.

Plutôt que de vendre seulement des bouteilles de vin, vous pourriez songer à créer *l'aventure* du vin.

Pourquoi ne pas vendre 52 semaines de tournées dans divers vignobles ? Chaque semaine, vos clients recevraient la suggestion de la semaine : un menu pour le repas à préparer, les recettes, un vidéo de la région d'où vient le vin, la présentation du vigneron, etc.

C'est une aventure, c'est excitant, c'est mystérieux. Nous vivons pour des expériences. Offrez des expériences plutôt que des produits et services et vous aurez du succès.

> On n'étudie pas un marché, on le crée ! Vous pouvez littéralement créer votre marché à condition d'offrir des aventures et des expériences uniques.

10

À qui vendez-vous et pourquoi ?

À qui vendez-vous
et pourquoi ?

C'est à vous de choisir avec qui vous voulez travailler. Vous pouvez choisir vos clients au lieu de les subir. Selon chaque type de client, l'approche se fait avec des outils de mise en marché différents.

La segmentation de vos clients

QUE signifie « segmenter ses clients ? » Faire la segmentation de vos clients revient à classer les clients actuels et potentiels en ordre de priorité selon les deux critères déjà mentionnés : votre **plaisir** à servir ce genre de client et la **rentabilité** de ce client pour vous et pour votre entreprise.

Le principe de base est de choisir à l'avance les meilleurs groupes de clients, c'est-à-dire ceux qui seront les plus fidèles aux **solutions à long terme** qui favorisent votre entreprise.

Le premier but de votre entreprise, comme le dit Peter Drucker, « c'est de *créer* un client ». Votre but étant de créer une relation de confiance avec le client, choisissez les bons clients dès le départ.

Qualité ou quantité ?

En faisant l'exercice de positionnement de votre entreprise, vous avez fait le choix entre une entreprise de **position 1**, c'est-à-dire une entreprise qui se consacre à la haute qualité pour un petit groupe de clients, et de **position 3,** soit une entreprise axée sur le volume et de plus faibles marges de profit.

Votre choix quant aux segments de clients doit découler directement du positionnement donné à votre entreprise. Si vous avez opté pour une position haut de gamme, vous devrez déterminer très précisément non seulement des segments de clients prêts à payer pour votre qualité mais aussi **prêts à vous suivre longtemps**.

Si vous choisissez le volume, vous aurez besoin d'une plus grande quantité de clients. Cependant, même dans ce cas, vous devez segmenter vos clients de manière à cibler des groupes qui reviendront constamment vous visiter.

Dans les deux cas, vous cherchez à bâtir une relation de confiance avec des clients qui achèteront vos solutions régulièrement et pour une longue durée.

Lorsque l'on fait la segmentation des clients, il est presque toujours préférable d'opter pour la qualité – des clients qui achètent régulièrement et pour une longue durée – que pour la quantité – des clients qui n'achètent qu'une seule fois.

Les critères de segmentation

Pour bien choisir vos segments, analysez *les critères* qui vous permettront de subdiviser le marché de la façon la plus profitable pour vous.

L'importance des critères varie selon les industries. Par exemple, le critère « âge » peut être primordial dans le secteur des livres ou des disques mais l'être beaucoup moins en ce qui concerne une solution de consultation en gestion.

En premier lieu, vous devez **déterminer les 5 critères essentiels** pour cerner les clients qui ont le plus besoin de vos solutions.

Il ne s'agit pas de chercher à attirer vers vous le monde entier ; vous devez atteindre les clients potentiels qui ont d'excellentes chances de bâtir avec votre entreprise une relation à long terme.

Les clients actuels et les nouveaux clients

Dans votre liste des *top 5*, un critère essentiel demeure, quel que soit votre secteur d'activité : conservez vos clients actuels plutôt que de chercher constamment de nouveaux clients.

Inscrivez cette loi dans votre mémoire :

Il est beaucoup plus facile de **revendre** à un client qui a déjà acheté chez vous que de vendre à un nouveau client potentiel.

Les 4 types de clients à considérer selon le critère « clients actuels plutôt que potentiels »

1. *Les clients actuels actifs :* ces clients achètent régulièrement chez vous.
2. *Les clients actuels passifs :* ces clients ont déjà acheté chez vous mais ne le font plus depuis un certain temps.
3. *Les prospects (ou clients potentiels) :* des cibles que vous avez déjà approchées auparavant mais que vous n'avez pas réussi à convertir en clients.
4. *Les cibles :* les nouvelles cibles, tout simplement.

- Il est habituellement plus facile de revendre à un client actuel actif qu'à un client actuel passif.
- Il est habituellement plus facile de revendre à un client actuel passif qu'à un prospect.
- Il est habituellement plus facile de vendre à un prospect qu'à une cible.

Ces règles s'appliquent à votre entreprise si vous avez toujours fait le maximum pour offrir à vos clients des solutions de qualité et si vous avez toujours donné la priorité aux intérêts de vos clients plutôt qu'aux vôtres.

Vous avez segmenté vos clients? C'est bien. Maintenant, il faut qualifier les prospects qui en feront partie!

Une qualification A-B-C pour les clients potentiels

 Vous devez qualifier chaque nouvelle cible, chaque prospect, avant que vous ne vous lanciez dans un processus de conversion rigoureux (nous verrons ce processus en détail plus loin).

Qualifier un prospect signifie simplement s'assurer qu'il aura d'excellentes chances de devenir un client. Votre but est d'obtenir un résultat maximum pour chacun des efforts que vous et votre personnel de vente ferez.

Attention: l'équipe de représentation perd souvent trop de temps à chercher des prospects qui ne deviendront probablement jamais des clients ou qui représentent peu de valeur à long terme pour l'entreprise.

Le processus de qualification ne doit pas être trop lourd, sinon il sera rapidement rejeté par votre équipe de vente.

Le modèle de qualification A-B-C est simple mais efficace.

Les candidats qui répondent le mieux aux critères de chaque segment **ET** qui sont aptes à devenir des clients à long terme (à répétition) sont des «A».

Les clients qui répondent un peu moins aux critères et qui ont un peu moins de valeur à long terme sont des « B, » et les autres, des « C ».

Comment évaluer la rentabilité de vos solutions et de vos clients

Toutes vos décisions d'entreprise en phase II doivent être guidées par deux choses : votre passion et la rentabilité. Nous avons déjà décrit la passion comme l'un des trois alliés du marketing révolutionnaire. Voyons maintenant comment considérer et évaluer la rentabilité.

Comme le but de votre entreprise est de bâtir des relations de confiance, le premier type de rentabilité à analyser est celle de vos segments de clients.

Que vaut un client pour vous ?

Choisissez un segment de clients parmi ceux que vous avez déterminés et répondez à cette question : Combien vaut un client de ce segment, en dollars ?

Question bizarre, pensez-vous ? Pourtant, si vous ne connaissez pas précisément ce que vous rapporte un client en argent sonnant, comment déterminerez-vous l'investissement que vous devez faire pour l'atteindre ?

Comment faites-vous pour fixer vos budgets de vente et de marketing si vous ne savez pas ce qu'un client vaut pour vous ? Les questions les plus simples sont souvent les plus révélatrices...

Le calcul de la VTNC (valeur totale nette d'un client)

La VTNC représente ce que vaut un client pour vous pour un certain nombre de mois ou d'années. Connaissant cette valeur, il devient très simple de calculer le montant à investir pour trouver et convertir ce client potentiel.

Il vous faut donc calculer, *pour chaque segment de clients choisi*, ce que vaut un client.

Pour faire le calcul de la VTNC, *pour chaque segment de clients choisi*, vous avez besoin de quatre éléments :

1. La séquence des problèmes vécus et des solutions requises par ce client.

2. La période pour laquelle vous ferez le calcul.

3. La fréquence des achats du client durant cette période.

4. La rentabilité marginale partielle ou « RMP » de chaque solution.

1. La séquence des problèmes et des solutions

Nous avons déjà vu que vous devez considérer un client comme *une chaîne sans fin de problèmes à résoudre*.

Mieux vous orchestrerez votre entreprise pour répondre dans le bon ordre à cette chaîne de problèmes, plus votre client sera fidèle et plus il sera rentable pour vous.

Afin de répondre à tous les problèmes de votre client potentiel, vous avez besoin d'une combinaison de **solutions internes** et de **solutions externes**.

Une solution interne est celle que votre entreprise peut offrir directement. Une solution externe est apportée par l'entremise d'une autre entreprise, avec laquelle vous avez établi une forme d'entente de paiement par commission, pour mieux répondre au problème global de votre client.

2. La période du calcul de rentabilité

En théorie, si vous étiez capable de répondre parfaitement à tous les problèmes de vos clients, votre période de fidélisation serait illimitée et la rentabilité d'un client serait infinie. Dans la pratique cependant, votre capacité à parer, dans le bon ordre, à toutes les demandes d'un client sera toujours limitée.

Le dilemme que vous vivez est celui-ci : vous savez que l'investissement pour joindre un client augmente selon la valeur potentielle à long terme de ce dernier. Malheureusement, la perspective d'une valeur potentielle à long terme implique plus d'incertitude quant à la possibilité d'atteindre votre but. C'est pourquoi vous devez chercher un **point d'équilibre** entre l'investissement à faire en vue du long terme et le risque encouru par une trop longue durée. Nous recommandons des **périodes de calcul de 1 an et de 3 ans.**

3. La fréquence des achats durant la période

Comme nous voulons mesurer la rentabilité d'un client pour une certaine période, il faut connaître la fréquence des achats de celui-ci, c'est-à-dire la fréquence selon laquelle ses problèmes ont besoin de solutions.

Il y a deux types de problèmes : les problèmes à répétition et les problèmes isolés

Les problèmes à répétition sont, par exemple, des besoins d'alimentation, d'hygiène, de services financiers et tout autre besoin qui demande des solutions à consommer de façon régulière.

Les problèmes isolés sont, par exemple, la construction d'une maison ou d'une usine, des services d'avocat pour une cause particulière, etc.

En ce qui concerne les problèmes à répétition, vous devez calculer la fréquence moyenne selon laquelle le client aura besoin de votre solution durant votre période de calcul. Par exemple, un client louera une cassette vidéo chaque semaine, ira chez le dentiste une fois tous les six mois ou fera analyser ses états financiers chaque trimestre.

Quant aux problèmes isolés, on ne peut pas effectuer de calcul de fréquence ; il s'agit de les connaître.

4. La rentabilité marginale partielle des solutions

Chaque solution que vous offrez vous rapporte un certain montant de **profit marginal.** Un profit marginal se calcule sur la base *des revenus et des profits tirés de la vente de la prochaine solution, sans tenir compte des coûts fixes.*

Les coûts fixes ne doivent pas faire partie du calcul de la rentabilité marginale d'un produit ou service. Que vous ne vendiez qu'un seul ou 10 000 « machinchouettes », vous devrez payer vos coûts fixes. Ces coûts s'appellent des « coûts irrécupérables » ou *sunk costs.*

Comme ces coûts fixes ne varient pas en fonction du volume de vente, lorsque vous réfléchissez à la décision de vendre une unité ou un service supplémentaire, vous ne devez prendre en considération que les coûts en sus directement reliés à cette vente additionnelle.

C'est ce qu'on appelle des coûts marginaux. Si les revenus marginaux excèdent les coûts marginaux, allez de l'avant. Sinon, abstenez-vous.

Dans notre calcul, il est question de rentabilité marginale *partielle*. La rentabilité marginale est partielle si l'on exclut les frais de vente et de marketing et elle est totale si on les inclut.

En fait, le but est de déterminer le montant d'argent dont on disposera pour vendre un produit ou un service, après avoir soustrait de son prix ses coûts directs.

Le calcul de la VTNC, la valeur totale nette d'un client, vise à connaître la valeur de la rentabilité marginale d'un client afin de déterminer le montant dont on dispose pour attirer celui-ci.

Un exemple de calcul de rentabilité marginale partielle

Prenons le cas d'un ordinateur qui se vend 4 000 $.

Le calcul de rentabilité marginale partielle pourrait être le suivant.

Prix moyen de vente	4 000 $
Coûts des matières premières	1 000 $
Coûts de la main-d'œuvre directe	1 000 $
Coûts de livraison	100 $
Coûts de service après-vente	200 $
Rentabilité marginale partielle – avant les dépenses de vente et de marketing	1 700 $

La majorité des entreprises sous-estiment la vraie valeur d'un client. Par conséquent, elles sous-investissent dans leurs efforts de prospection et de conversion des clients potentiels !

Dans cet exemple, chaque ordinateur vendu 4 000 $ rapporterait un profit marginal, avant coûts fixes et avant dépenses de vente et de marketing, de 1 700 $.

Dans ce cas, combien d'argent devrions-nous investir en vente et marketing pour obtenir ce 1 700 $?

 Avertissement ! La seule façon de choisir votre budget de mise en marché est de calculer la VTNC de vos clients potentiels et de connaître la rentabilité marginale partielle (RMP) de chacune de vos solutions. Mais attention ! La vente et le marketing sont des coûts variables, pas des coûts fixes !

L'une des erreurs les plus répandues dans la comptabilité du marketing est de catégoriser les dépenses de vente et de marketing comme des coûts fixes... alors qu'elles ne sont pas du tout fixes !

Votre budget de marketing doit être un **pourcentage** de vos ventes, ou mieux, un pourcentage de vos RMP.

La VTNC d'un client est donc la somme des rentabilités marginales partielles de toutes les solutions qui répondent à la séquence des problèmes de vos clients pour la période choisie.

Nous avons décrit les quatre étapes du calcul de la VTNC de vos clients. Au cours des prochains chapitres, vous aurez à choisir entre maximiser vos profits à court terme, soit dès la première année, ou maximiser vos profits à moyen terme, soit au cours des trois premières années.

Vous aurez donc à choisir entre calculer la VTNC de vos clients pour un an (VTNC 1-an) ou pour plus d'un an (habituellement, je recommande trois ans – VTNC 3-ans).

> Bien. Assez de concepts. Voyons la méthodologie d'application. Parce que le marketing, « ça s'essaye ».

DEUXIÈME PARTIE

La méthodologie

11

Un plan de marketing ?
Jamais !

Un plan de marketing?
Jamais!

L'univers est essentiellement dynamique. Pourquoi gérer une entreprise statiquement dans un univers où tout est en mouvement? La pyramide stratégique est un processus de gestion itérative pour gérer la mise en marché en s'adaptant aux changements de semaine en semaine.

POUR BIEN GÉRER la croissance, il est nécessaire de suivre chaque semaine la progression de vos initiatives en marketing et de mesurer les résultats de ce processus par rapport à la destination voulue.

Ce processus doit être à la fois flexible et adaptable, selon les nouvelles données qui surviennent continuellement.

Le budget

Un budget est un outil de gestion conçu spécialement pour gérer des coûts et non pas la croissance. Pour vous convaincre de cet énoncé, comptez dans votre budget actuel le nombre d'entrées qui décrivent le détail de vos revenus par produit, par service, par client, par montant, par outil de marketing et par période.

Puis, comptez le nombre d'entrées que votre budget consacre au détail de vos coûts. Vous comprenez ?

Le processus budgétaire est également dangereux dans la mesure où il fait souvent appel aux résultats des années précédentes pour prévoir les années à venir.

 Si vous utilisez le passé pour planifier votre avenir, celui-ci sera similaire au passé !

Vous pouvez produire des budgets si votre banquier l'exige, mais ne confondez pas budget et gestion de croissance. En croissance, l'accent est mis sur les **revenus** et sur les **rentabilités marginales**.

L'outil que je vous suggère découle directement de l'application de la définition du marketing révolutionnaire : offrir la bonne solution, aux bons clients, par les bons canaux de marketing, au bon moment.

Le but n'est pas de faire un « plan de marketing ». J'ai tendance à dire que l'expression « un plan de marketing » est insensée ! Si vous voulez faire rire Dieu, faites un plan...

Nous sommes incapables de prédire l'avenir. Pourtant, c'est ce que nous prétendons faire lorsque nous dirigeons notre entreprise avec un plan « coulé dans le roc ».

Trop de variables et d'imprévus interviennent pour que nous nous en remettions à un plan rigide. Vous avez plutôt besoin d'une démarche flexible et itérative qui vous permettra de corriger votre tir chaque semaine, en fonction des résultats des tests des semaines précédentes et des nouvelles informations obtenues.

Plutôt que d'utiliser l'expression « plan de marketing », je vous suggère de parler d'«orientation du marketing ».

Vous devez choisir une destination précise et une orientation initiale selon :

• votre instinct

• vos expériences de marketing passées

• les conseils d'experts externes

Vous devez choisir le « quoi » et être flexible quant au « comment ».

Les 9 éléments d'une pyramide stratégique

Pour bâtir votre pyramide stratégique, vous aurez besoin des éléments suivants :

1. Le choix d'une destination
2. La vision de votre entreprise
3. Les revenus désirés
4. Les profits désirés, avant les coûts fixes
5. Les profits désirés, après les coûts fixes
6. La liste des segments de clients choisis et leur VTNC
7. La liste des solutions que vous offrez et leur rentabilité marginale partielle
8. La liste des canaux de marketing que vous souhaitez utiliser
9. Le calendrier ciblé des ventes

Une pyramide stratégique n'est rien d'autre que l'exercice de décomposition suivant : vous partez d'un objectif de ventes et de profits, et vous décomposez ces montants successivement en fonction des segments de clients choisis, des solutions que vous offrez, des canaux de marketing que vous utilisez et du calendrier que vous vous fixez.

La flexibilité avant tout

Votre démarche doit être itérative, c'est-à-dire qu'elle doit être recommencée constamment. Vous devrez corriger votre tir chaque semaine.

Votre « plan de marketing » ne sera jamais terminé, car il doit être en continuelle évolution.

Cette démarche est cyclique. Au premier cycle, vous devez faire une décomposition de vos objectifs selon les deux éléments déjà mentionnés : la passion et la rentabilité.

Votre avenir n'a pas à ressembler à votre passé. Évitez d'utiliser les états financiers des périodes précédentes comme base pour les suivantes.

Au premier cycle, vous choisissez une orientation de départ qui « semble » vous diriger vers la destination choisie. *Mais soyez prêt à modifier votre orientation à tout moment.*

Le processus ressemble à un casse-tête. Vous avez une idée de l'image à réaliser. Vous essayez d'ajuster des pièces les unes aux autres jusqu'à ce que vous trouviez une combinaison de segments de clients, de solutions et de canaux de marketing qui semblent fonctionner.

Le premier cycle de la démarche

Vous avez déjà commencé aux chapitres précédents à rassembler les éléments requis pour votre première pyramide. Suivez la démarche et terminez chaque étape avant de passer à la suivante.

Soyez audacieux en vous rappelant que le processus est itératif, à savoir qu'il peut être modifié, ajusté, adapté et revu à chaque cycle.

Étape 1 : choisissez votre destination

Une destination se compose de quatre éléments :

1. Une vision
2. Un chiffre d'affaires
3. La rentabilité marginale totale
4. Les profits nets ciblés

1. La vision de votre entreprise

La vision de votre entreprise se définit par ce que vous voulez que votre entreprise «soit». *Vision = Être.*

Vous devez décrire la «photographie» de votre entreprise telle que vous aimeriez qu'elle devienne. Plus votre portrait est précis et plus votre vision est efficace. La plupart des visions sont trop théoriques, trop nébuleuses, et elles aboutissent dans un classeur.

Pour que votre vision contribue à rallier le personnel de votre entreprise dans un effort commun vers une destination précise, elle doit être elle-même précise et stimulante.

Certains des sujets que l'on peut inclure dans une vision sont l'industrie, l'application dans l'industrie (manufacturier, distributeur, etc.), le lieu d'affaires (Québec, Canada, Amérique du Nord, etc.) et la position voulue dans le marché (plus grand chiffre d'affaires, meilleure réputation de qualité, etc.)

Établissez votre vision sur un horizon de deux ou de trois ans. Il est possible, bien sûr, de préparer une vision à très long terme, mais les visions les plus utiles sont souvent à moins longue échéance.

Définissez par écrit votre vision. Imaginez-vous que vous donnez cette définition sur un bout de papier à un inconnu et que, seulement à la lecture de votre définition, il puisse bâtir l'entreprise que vous avez décrite.

Si vous aviez une baguette magique et que vous pouviez vous retrouver subitement deux ou trois ans plus tard, comment serait votre entreprise ?

2. Le chiffre d'affaires

Vous avez déjà choisi un objectif de revenus. Il est encore temps de le revoir et de choisir une destination qui vous *fera vraiment vibrer*.

Même si cela peut vous paraître étrange, pour ne pas dire carrément cinglé, si vous avez, par exemple, un chiffre d'affaires d'un million de dollars, il n'est pas plus difficile de le faire passer à 4 millions qu'à 1,2 million. Les deux objectifs sont différents, mais le degré de difficulté pour atteindre chacun est le même.

Quel est le chiffre d'affaires idéal pour votre entrreprise et combien de temps cela prendra-t-il pour l'atteindre ?

3. La rentabilité marginale totale visée

Nous avons vu que, en marketing, on se préoccupe de la rentabilité directe d'un produit ou d'un service. Lorsque l'on réfléchit aux stratégies de croissance, on se demande d'abord combien d'argent nous rapporterait la vente d'un **produit ou d'un service supplémentaire**.

C'est ce qu'on appelle des rentabilités marginales. Rappelons que la rentabilité marginale est celle que l'on obtient **avant les frais fixes**, et qu'elle est partielle **avant les frais de marketing et de vente**, et qu'elle est totale **après ces frais**. Il s'agit ici de choisir la rentabilité marginale totale que vous souhaitez, c'est-à-dire **avant vos frais fixes**, pour la période choisie.

Quelle est la rentabilité marginale idéale que vous voulez et pour quelle période ?

4. Les profits nets visés

Pour calculer les profits nets, il s'agit de soustraire de la rentabilité marginale totale les coûts fixes prévus. Les coûts fixes sont les coûts qui sont indépendants, dans une certaine limite, du nombre de solutions que vous vendez.

Quels sont les profits nets que vous visez idéalement et pour quelle période ?
Afin d'illustrer l'exercice, prenons l'exemple de la compagnie Les Bateaux ABC.

La vision de l'entreprise

Être le manufacturier et le distributeur de bateaux le plus important au Québec, en Ontario et dans les Maritimes en nombre de bateaux vendus, avec une présence remarquée sur les marchés de la Nouvelle-Angleterre.

Voici la grille des objectifs des Bateaux ABC. Bâtissez une grille semblable pour votre entreprise.

COMPAGNIE	PÉRIODE	VENTES	RENTABILITÉ MARGINALE TOTALE	PROFITS NETS
Bateaux ABC	1 an	2 millions $	800 000 $	250 000 $

Étape 2 : décomposez les montants prévus de vos ventes et de vos rentabilités par segment de clients et par solution

Vous pouvez commencer votre décomposition soit par les segments de clients, soit par les solutions. L'approche suggérée commence par la décomposition en segments de clients.

Au chapitre précédent, vous avez amorcé cet exercice en calculant les VTNC d'au moins un segment de clients. Vous avez aussi déterminé les solutions à offrir à ce segment de clients.

Vous devez donc décomposer votre objectif de vente à travers les différents segments de clients. Avec la VTNC 1-an et la VTNC 3-ans de ces segments, et connaissant la séquence des solutions à offrir par segment, vous décomposerez ensuite le nombre d'unités à vendre par solution, par segment et pour la période choisie.

Poursuivons l'exemple des Bateaux ABC :

L'entreprise a d'abord décomposé son marché en 4 catégories de clients :

• Les clients actuels actifs

• Les clients actuels passifs

• Les anciens prospects

• Les nouveaux prospects

Chacune de ces quatre catégories a été décomposée à son tour entre les clients « particuliers » et les clients « entreprises. » Enfin, les clients particuliers ont été subdivisés entre des personnes retraitées et des gens d'affaires.

L'entreprise a choisi ces clients parce qu'ils maximisent la passion et la rentabilité. Pour faire la décomposition des objectifs de vente, ses dirigeants ont utilisé leurs expériences passées, des conseils de spécialistes et leur intuition.

La grille qui suit donne les ventes globales visées par segment de clients, pour un total de 2 millions $ (l'objectif choisi).

Segment premier niveau	Segment deuxième niveau	Segment troisième niveau	Ventes ciblées pour la période choisie
Clients actuels actifs	Particuliers	Retraités	25 000 $
		Gens d'affaires	275 000 $
	Entreprises		100 000 $
Clients actuels passifs	Particuliers	Retraités	15 000 $
		Gens d'affaires	500 000 $
	Entreprises		85 000 $

Segment premier niveau	Segment deuxième niveau	Segment troisième niveau	Ventes ciblées pour la période choisie
Anciens prospects	Particuliers	Retraités	100 000 $
		Gens d'affaires	200 000 $
	Entreprises		100 000 $
Nouveaux prospects	Particuliers	Retraités	200 000 $
		Gens d'affaires	200 000 $
	Entreprises		200 000 $
Total			2 000 000 $

L'objectif total de 2 millions $ a été réparti. Toutefois, en marketing, nous travaillons plus facilement à partir d'unités que de sommes d'argent. C'est pourquoi nous devons convertir ces montants en « nombre de clients ».

Cette conversion devient plus simple si vous avez déjà fait le calcul de la VTNC pour la période choisie. Par exemple, si vous faites vos calculs pour une période d'un an et que vous avez calculé pour chacun des segments de clients ciblés la VTNC 1-an, vous pouvez plus facilement déterminer le nombre de clients dont vous aurez besoin pour atteindre les objectifs de ventes et de rentabilité choisis.

En résumé

On **choisit d'abord les segments** de clients.

On **attribue une certaine part des ventes** et des rentabilités ciblées à chaque segment.

À l'aide de cette décomposition des ventes et du calcul des VTNC (1 an et 3 ans), on **compte le nombre de clients de chaque segment** dont on a besoin pour atteindre l'objectif.

Les VTNC étant calculées à partir de « séquences de solutions », nous obtenons automatiquement **le nombre de chaque solution** à vendre par segment, ainsi que le montant marginal maximal disponible pour la mise en marché.

Une fois le nombre de clients de chaque segment choisi, il ne reste qu'à **déterminer les stratégies de marketing requises** (leur type, leur nombre et leur fréquence) pour rejoindre les clients voulus.

Certaines personnes préfèrent lancer leur décomposition pyramidale à partir de leurs solutions plutôt que des segments de clients. Ce choix est légitime et conduit au même résultat.

Dans les deux cas, il faut arriver à déterminer le nombre de clients à trouver pour chaque segment. Vous pouvez faire le calcul soit en utilisant la somme des rentabilités marginales partielles de vos solutions, soit, comme dans cet exemple, en employant les VTNC.

Étape 3 : choisissez les canaux et les initiatives de marketing par segment de clients ou par famille de solutions

Si vous avez suivi la démarche, vous devriez avoir en main une décomposition en segments de clients qui vous donne un certain nombre de clients à trouver par segment. Vous devriez aussi connaître le montant dont vous disposez pour les ventes et la mise en marché selon l'écart entre la somme des rentabilités marginales partielles et l'objectif de rentabilité marginale totale donnée au départ. Nous parlons toujours de rentabilité marginale donc de *rentabilité avant les coûts fixes*.

Étant donné que les chapitres suivants sont consacrés au choix et à la description des canaux et des stratégies de mise en marché, limitons-nous ici à présenter sommairement le déroulement des étapes de marketing de la pyramide stratégique.

Vous devez « attirer » d'une certaine manière chaque nouveau client visé, en fonction du problème initial de sa séquence de problèmes. Si vos segments de clients sont bien bâtis, le problème initial, qu'on appelle aussi problème de tête, est celui sur lequel devra porter le cœur de votre mise en marché.

Une fois le client « accroché » par votre produit d'entrée, vous le « relancerez » pour la suite. C'est **l'approche dite brise-glace.**

Il est préférable d'approcher les clients potentiels par une approche brise-glace, soit offrir une solution à la fois, que par **une approche catalogue,** c'est-à-dire présenter toutes vos solutions en même temps.

Chaque stratégie de marketing doit être *directement* reliée à l'attraction d'un segment de clients particulier. Le contenu de la stratégie doit inviter le client à se procurer votre solution « de tête » en fonction du problème à résoudre.

Nous verrons dans les chapitres subséquents comment calculer le nombre de stratégies et la fréquence de chaque stratégie à utiliser pour cibler un certain nombre de clients. Ces valeurs dépendent des « taux de succès » de chaque initiative.

Si, par exemple, vous avez comme objectif d'obtenir 30 nouveaux clients en faisant un envoi par courrier et que vous avez déterminé un taux de succès de 1 %, vous aurez besoin de 3 000 lettres et de 3 000 cibles.

Une fois la quantité calculée, il faut établir le coût de l'initiative pour vérifier si les coûts globaux de toutes les initiatives requises, aux fréquences requises, risquent d'excéder le budget disponible pour la vente et le marketing.

Le montant budgétaire prévu peut être dépassé si vous prenez la décision réfléchie de faire moins de profits pour l'année en question dans le but de retirer davantage de la VTNC 3-ans avec vos clients potentiels.

En résumé, la troisième étape consiste à choisir les canaux de marketing destinés à vendre les solutions de tête à chaque segment de clients. Pour ce faire, vous avez besoin des « taux de succès » par stratégie pour calculer la quantité, la fréquence et les coûts de chacune.

Au cours des prochains chapitres, vous verrez différents types de stratégies. Vous serez en mesure de choisir les deux ou trois stratégies les mieux adaptées à chaque solution de tête et à chaque segment de clients.

Étape 4 : préparez le calendrier des ventes et le calendrier des initiatives de marketing

 Le but d'une pyramide stratégique est de vous aider à mieux gérer la croissance. Pour ce faire, vous devez préparer un calendrier d'activités de marketing. Ce calendrier est modifiable chaque semaine en fonction des performances des semaines précédentes.

Pour préparer un calendrier d'activités, il faut d'abord construire le calendrier des ventes. Le calendrier des ventes est une forme de grille où vous indiquez le moment où vous souhaitez que se fasse chaque vente ou, du moins, un certain nombre de ventes ; ce moment peut être une journée, une semaine ou un mois particuliers.

Toutes vos ventes pour l'année doivent être réparties sur ce calendrier.

Par la suite, établissez l'horaire des activités à faire pour que les ventes aboutissent aux dates prévues.

Un calendrier d'activités établit chaque semaine la liste des activités à faire en vue d'une date de vente.

Les 4 éléments d'une activité de marketing

Chaque activité de marketing se décompose en quatre éléments :

1. La préparation de l'initiative (développement, conception)
2. Le test d'un petit nombre d'unités (pour vérifier l'efficacité)
3. La prospection, la conversion, la livraison et l'ancrage à plus grande échelle
4. Les activités d'après-vente

Vos calendriers des ventes et des activités peuvent prendre différentes formes. Choisissez un modèle qui vous convient et notez-y vos projections en détail, tout en restant flexible.

Selon vos préférences, vous pouvez choisir entre un calendrier de ventes axé sur le nombre de solutions à vendre ou sur le nombre de nouveaux clients à obtenir.

Le calendrier d'initiatives de marketing découle directement du calendrier des ventes. Les initiatives précèdent les ventes; il vous faudra donc prendre en considération le temps requis pour développer, tester et lancer chaque stratégie avant que la vente se fasse selon les prévisions inscrites au calendrier des ventes.

Toutes vos initiatives doivent faire partie de ce calendrier. Soyez flexible et attendez-vous à y faire des modifications chaque semaine.

Le premier cycle de la pyramide stratégique se termine ainsi. Il faut alors recommencer le processus: 2e cycle, 3e cycle, etc.

Vous devez faire preuve de rigueur et de discipline pour gérer votre croissance au moyen d'une pyramide stratégique. Cependant, les entreprises qui se donnent la peine de le faire développent un «nez» marketing extraordinaire. Fini le hasard.

Assurez-vous de nommer une personne qui sera responsable de la pyramide (habituellement, il s'agit du vice-président markevente). Une période de 6 à 12 mois est généralement requise pour maîtriser cette démarche. Si vous trouvez la tâche exigeante, dites-vous qu'elle ne présente pas plus de difficulté que la production d'un état financier, que la fabrication d'un produit ou que la livraison d'un service. Il s'agit de se familiariser avec le processus.

Dorénavant, chaque fois que vous songerez à un nouvel outil de promotion, à une nouvelle stratégie, à une nouvelle exposition, vous devrez situer l'activité dans votre pyramide et la rattacher à un certain segment de clients.

Vous devrez aussi justifier les coûts de l'initiative en fonction des résultats escomptés. Le marketing aussi a ses exigences !

La pyramide stratégique constitue une méthodologie extrêmement puissante pour gérer et même prévoir la croissance de votre entreprise.

Comme tout outil puissant, cette méthode comporte un certain degré de complexité. Toutefois, vous pouvez vous procurer un programme de formation complet sur *La pyramide stratégique*, incluant un logiciel interactif et des séminaires de formation. Rendez-vous au www.pierremorency.com pour plus d'information sur ces options.

Bonne orchestration

12

Archimède serait fier

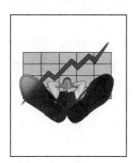

Archimède serait fier

Donnez-moi un levier suffisamment long
et un appui suffisamment fort et je soulèverai le monde.

IL N'Y A QUE TROIS façons d'augmenter les revenus et les profits de votre entreprise. Trois leviers de croissance. Toutes les stratégies font nécessairement partie de l'un ou l'autre de ces trois leviers.

Combien ? À quelle fréquence ? En quelle quantité ?

Ce sont les trois questions du marketing. Il s'agit des trois seules façons de considérer la croissance de votre entreprise. Trois questions, trois leviers.

- Ou bien vous augmentez **le nombre de clients** – ce levier est le plus couramment utilisé.

- Ou bien vous augmentez **la fréquence des achats** de chacun de vos clients.

- Ou bien vous augmentez **la rentabilité ou le montant moyens des achats** de vos clients.

Malheureusement, la plupart des entreprises ne mettent leur énergie que sur le premier de ces trois leviers. Elles veulent du développement.

Évidemment, si vous êtes en démarrage d'entreprise, ce levier est essentiel. Néanmoins, il arrive souvent que les deuxième et troisième leviers rapportent davantage, et ce, plus rapidement et pour plus longtemps.

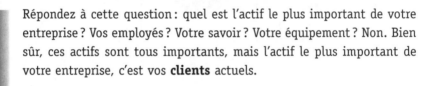

Répondez à cette question : quel est l'actif le plus important de votre entreprise ? Vos employés ? Votre savoir ? Votre équipement ? Non. Bien sûr, ces actifs sont tous importants, mais l'actif le plus important de votre entreprise, c'est vos **clients** actuels.

Même lorsque vous voulez obtenir de nouveaux clients, rien n'est aussi efficace que de **passer par les clients actuels.**

Les deuxième et troisième leviers, soit la fréquence des achats et la quantité des achats, font directement appel aux clients actuels.

Passez beaucoup de temps à vous occuper de vos clients actuels.

Première question : combien de clients ?

Le premier des trois leviers de croissance vise l'augmentation du nombre de clients dans votre entreprise.

Pour ce faire, on utilise ce qu'on appelle des **stratégies de nombre**. Ces stratégies sont les canaux de mise en marché que vous utiliserez pour joindre vos clients cibles. Une stratégie de nombre est une séquence d'activités de marketing destinées à attirer puis à convertir un nouveau client.

Complétez cette liste de stratégies de nombre.

Stratégies de nombre
Publicités dans les magazines
Envois par courrier (*mailing*)
Représentants
Distributeurs
Systèmes de référence
Publireportage
Communiqués de presse (*press release*)
Expositions (*trade shows*)
Maillages et alliances
Marketing de réseau
Infopublicité
Pages Jaunes
Internet
Télémarketing
Agents manufacturiers
Séminaires d'éducation

Chacun de ces éléments est le début d'un processus pour attirer de nouveaux clients afin d'augmenter le **nombre** de clients dans votre entreprise.

Deuxième question : à quelle fréquence ?

Avoir de plus en plus de clients ne suffit pas. Vous voulez que les clients reviennent régulièrement, souvent et longtemps. Le but de votre entreprise est de bâtir des relations de confiance à long terme.

Pour augmenter la **fréquence** des achats de vos clients, il faut concevoir des stratégies pour ce faire. Ces stratégies sont directement reliées à la satisfaction de la chaîne « sans fin » des problèmes de vos clients.

Parmi les stratégies et les moyens d'augmenter la fréquence de consommation de vos clients on trouve les éléments suivants. Ces éléments font partie de vos **stratégies de fréquence.**

Complétez la liste suivante.

Stratégies de fréquence
Programme de rappel téléphonique
Stratégie d'endossement
Formules club
Rabais de consommation automatique
Programme de formation continue
Lettre d'information régulière, par courrier ou par courriel (*e-zine*)
Organisation d'événements spéciaux

Troisième question : en quelle quantité ?

 En plus d'augmenter la fréquence des achats de vos clients, vous devez chercher à augmenter *la rentabilité ou le montant* de leurs achats.

En principe, si vos solutions sont bonnes, si votre entreprise cherche réellement à satisfaire du mieux possible les besoins de vos clients, **il est de votre devoir** de faire en sorte que vos clients achètent le maximum possible.

Les **stratégies de rentabilité** sont l'outil pour ce faire : vous choisissez des stratégies pour améliorer la rentabilité de ce que vous offrez.

Complétez cette liste de stratégies de rentabilité.

Stratégies de rentabilité
Augmenter vos prix – tout simplement.
Changer l'emballage pour offrir des quantités plus grandes.

Faire du groupement de solutions (*bundling*) en regroupant des solutions d'autres fournisseurs avec les vôtres.

Faire de la vente multipliée (*bumping*) en offrant des unités additionnelles (d'un même type) à rabais.

Faire de la vente amplifiée (*upsell*) en offrant un échange pour un modèle supérieur.

Augmenter l'efficacité de votre équipe de vente pour offrir des solutions plus rentables.

Faire de la vente croisée en offrant d'autres solutions.

Utiliser une « proposition de vente unique » (USP)

Utiliser des stratégies de « renversement du risque » ou de garanties.

En résumé

Trois façons seulement permettent de faire croître les revenus et les profits de votre entreprise. Vous devez répondre à trois questions (Combien ? À quelle fréquence ? En quelle quantité ?) et utiliser des stratégies de nombre, de fréquence et de rentabilité.

Augmenter le nombre de vos clients.	Combien de clients ?	Stratégies de nombre
Augmenter la fréquence des achats de vos clients.	À quelle fréquence ?	Stratégies de fréquence
Augmenter la rentabilité et le montant des achats de vos clients.	En quelle quantité ?	Stratégies de rentabilité

Avez-vous une bonne liste de clients ?

 L'une des premières étapes pour exploiter au maximum l'actif extraordinaire que constituent vos clients actuels est d'établir une bonne liste informatisée de clients.

Plusieurs bons logiciels de gestion de contacts existent pour ce faire : *Sales Logix, Act, Goldmine, Maximiser*, etc.

Vous devez enregistrer dans votre liste informatisée au moins les éléments suivants.

Éléments d'une liste de clients

Nom et coordonnées

Achats par solution, par date (unités et montants)

Stratégies de nombre, de fréquence et de rentabilité utilisées pour chaque vente (par quel canal de marketing vous avez réussi à attirer ce client, pour chaque solution)

Segment et VTNC du client

Qualification du client (ABC)

Étapes dans la séquence de prospection-conversion-livraison-ancrage (chapitres ultérieurs)

Industrie

Problèmes principaux

Sans une telle liste des clients, vous aurez beaucoup de difficulté à utiliser les trois leviers de croissance, et particulièrement les deuxième et troisième leviers. Ces trois leviers produisent également « un effet composé », de sorte qu'une croissance de 10 % sur chacun ne donne pas une croissance de 10 % de vos revenus mais une croissance de 33 % !

> Utiliser de bonnes stratégies est un atout essentiel. Cependant, si on ne suit pas un processus complet, elles ne valent guère mieux qu'un billet de loterie. Voyons au chapitre suivant quel type de processus est requis.

13

Le markevente :
un processus systématique

Le markevente :
un processus systématique

La mise en marché n'est pas l'affaire d'une seule étape.
Vous devez passer de la « stratégie de marketing »
à la « séquence de marketing »
et bâtir vos arguments pas à pas.

Nous avons vu que trois types de stratégies sont à votre disposition pour présenter vos solutions aux segments de clients choisis, selon votre pyramide stratégique. Ces trois types de stratégies sont les suivants :

1. **Les stratégies de nombre** – pour obtenir plus de clients.

2. **Les stratégies de fréquence** – pour que les clients achètent plus souvent.

3. **Les stratégies de rentabilité** – pour que les clients vous rapportent plus à chaque achat.

Toutefois, en marketing révolutionnaire, la stratégie de mise en marché ne se limite pas à une initiative plus ou moins isolée ; au contraire, elle fait intervenir une série d'activités orchestrées dans un tout.

Plutôt que de stratégies de marketing, il s'agit de **séquences** de marketing.

 Une séquence de marketing est une suite d'étapes. Ces étapes sont requises pour transformer une cible en prospect, un prospect en client, puis un client en source de clients.

Ces séquences forment des **routes** dans lesquelles vous injectez des **offres.**

Autrement dit, quand vous utilisez une stratégie de marketing, tirée de l'un des trois types mentionnés précédemment, vous devez le faire dans une séquence d'activités appelée route, en proposant quelque chose qui s'appelle une offre. Le schéma suivant illustre une séquence de marketing complète.

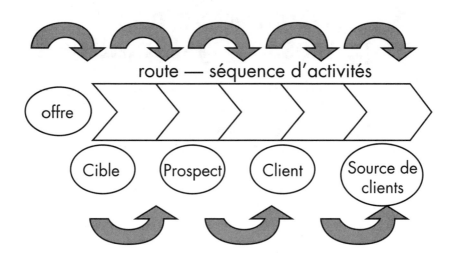

Chaque séquence de marketing, appuyée sur une route dans laquelle vous lancez une offre, soit pour atteindre un nouveau client, soit pour augmenter la fréquence de ses achats, soit pour augmenter la rentabilité de chacun de ses achats, cherche à prendre une **cible**, pour qu'elle devienne un **prospect ou client potentiel** et, enfin, un **client.**

Lorsque vous l'avez approchée et qu'elle a démontré de l'intérêt, la cible devient un prospect. Il s'agit de l'étape de **prospection.**

Une fois que vous avez un prospect, vous devez le convertir en client en utilisant une série d'activités de **conversion.**

Mais ce n'est pas tout ! Une vente ne se termine qu'à partir du moment où le client a **signé**, qu'il a **consommé**, et qu'il a **démontré sa satisfaction.** Plus encore, il doit confirmer sa satisfaction en recommandant votre solution ou en produisant un témoignage.

Le diagramme suivant résume les quatre parties d'une route ou d'une séquence de marketing.

Route ou séquence de marketing

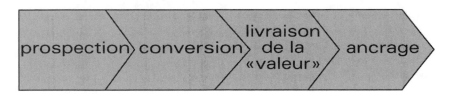

prospection conversion livraison de la «valeur» ancrage

La prospection

La prospection constitue la première étape d'une séquence de marketing.

La plupart des gens s'imaginent que le but de tout outil promotionnel doit être d'attirer le maximum de clients potentiels. Cela revient à dire que le but est d'attirer le monde entier par un seul outil !

Répondez à la question suivante : qu'est-ce qui coûte habituellement le plus cher à une entreprise, la prospection ou la conversion ?

Dans bien des cas, la conversion s'avère la plus dispendieuse. Rien ne coûte plus cher qu'une équipe de représentants qui gaspillent leur temps à essayer de convertir des prospects mal qualifiés parce que les outils de prospection visaient trop large.

La conversion coûte cher en temps. La prospection sert de filtre pour trier votre marché.

 En prospection, vous cherchez à attirer seulement les cibles qui ont d'excellentes chances de devenir clients. Votre but devrait être de maximiser vos **taux de conversion**, même si cela fait baisser vos taux de prospection.

Un taux de prospection mesure le nombre de cibles, parmi les cibles approchées, qui deviennent « intéressées » par l'offre. Par exemple, si vous faites une campagne de télémarketing et que vous appelez 1 000 cibles, si 10 cibles vous demandent plus d'information ou acceptent de vous rencontrer, votre taux de prospection est de 1 %.

Pour faire de la prospection, vous devez utiliser les stratégies présentées au chapitre précédent, pour « percer la glace ». Les outils de prospection vous permettent d'allumer l'intérêt de cibles afin de les lancer dans les étapes de conversion.

Attention ! Non seulement vos clients consomment vos solutions, mais ils consomment aussi vos prix, vos emballages, votre service, **et ils consomment votre façon de les faire consommer**.

Si une cible ne démontre pas d'intérêt pour votre solution, c'est peut-être qu'elle n'aime pas votre façon de lui **présenter** cette solution.

Ne croyez pas qu'une cible qui semble plus ou moins intéressée par votre solution n'est pas du tout intéressée. Chaque segment de clients, chaque type de cible a ses préférences quant aux façons de se faire présenter des solutions.

Par exemple, une personne peut préférer aller au comptoir d'une banque pour consommer ses services financiers. Une autre préférera les guichets automatiques, ou Internet ou un système téléphonique.

Dans chaque cas, on vous propose les mêmes solutions financières, mais elles vous sont offertes de manières différentes.

Autrement dit, vous devez utiliser plusieurs routes pour offrir vos solutions, parce que différents segments de clients préfèrent différentes routes.

 Votre entreprise doit faire sa prospection en utilisant un minimum de 8 à 10 routes ou séquences **en parallèle**.

Répétons-le : votre prospection doit utiliser au moins 8 à 10 routes, sinon vous risquez de rater l'accès à une foule de clients qui auraient voulu de votre solution mais qui n'aiment pas qu'on la leur vende de la façon proposée.

La conversion

Vous utilisez 8 à 10 routes et vous lancez vos outils de prospection. Parfait. Vous faites de la prospection en offrant des solutions qui sont à la tête de la chaîne des problèmes des clients que vous cherchez à attirer. Très bien.

Après avoir attiré de bons prospects, vous devez maintenant les convertir en clients et les amener à l'achat. Il s'agit de la phase de conversion.

Répondez à la question suivante : Combien d'étapes de conversion devriez-vous avoir **au minimum** pour chacun de vos prospects ? La réponse : au moins 6 à 7 étapes, c'est-à-dire 6 à 7 *hits*. Dans le vocabukaire du marketing, un *hit* est **un contact avec un client potentiel**.

Cela signifie que vous devez entrer en contact avec vos prospects **au moins 6 à 7 fois en moyenne**, avant qu'ils acceptent votre proposition. Pourquoi ? Parce que cela prend six à sept fois en moyenne pour que vous fassiez le tour de toutes leurs questions.

 Si **vous** n'offrez pas 6 à 7 *hits*, votre prospect ira voir ce qui se fait ailleurs !

Le processus de conversion commence à l'instant où une cible devient un prospect, c'est-à-dire lorsque la cible a réagi à l'une ou l'autre de vos routes de prospection.

Chacune de vos étapes de conversion doit **ajouter de la substance.** Autrement dit, vous devez bâtir vos étapes pour que le point culminant soit la sixième ou la septième étape.

Ne donnez pas tous vos arguments dès la première étape !

Il s'agit d'une séquence ! Votre séquence de conversion doit être intégrée à la route de prospection choisie. Un client potentiel qui vous appelle après avoir vu une annonce de 2 pouces sur 2 pouces n'a pas la même information qu'un autre qui a reçu une lettre de 10 pages.

Vous devez aussi adapter vos étapes de conversion à la source de prospection d'où provient le client potentiel. Un client qui a lu une toute petite annonce ne peut être approché de la même façon qu'un autre qui a visité votre site Internet.

La livraison de valeur (*value delivery*)

Vous aviez une cible qui est devenue prospect par une de vos routes de marketing. Vous avez fait passer ce prospect par vos sept étapes de conversion et avez conclu la vente. Votre travail est-il terminé ? Pas du tout !

Dès qu'un client accepte une vente, il tombe dans ce qu'on appelle la phase du doute. C'est la période du **remords de l'acheteur**. Votre client se demande s'il a fait un bon choix. Il n'est plus sûr de lui.

Après avoir conclu la vente, vous devez **rassurer** votre client en restant en étroite communication avec lui jusqu'à ce qu'il ait pleinement goûté et aimé la solution.

Cela commence par bien diriger la livraison. Vous devez encore suivre des étapes : la commande, le processus de paiement, la livraison proprement dite, la formation ou le soutien, etc.

Faites la distinction entre l'étape de « livraison » en tant qu'activité de marketing (s'assurer que le client est satisfait et qu'il apprécie la **valeur** de la solution) et la division Gestion des commandes, qui représente la partie « physique » de la livraison (apporter la marchandise ou la solution dans les mains du client).

Vous devez bien orchestrer votre processus de livraison pour éviter que votre client ne change d'avis. Durant les 7 jours qui suivent l'achat – **et surtout pendant les premières 24 heures** – votre client est nerveux. Dans cette situation, la première chose qu'il expérimentera est votre façon de lui livrer votre produit ou service. **Soyez impeccable !**

L'ancrage

Maintenant qu'il a le produit ou le service... la solution ou l'aventure en main, votre travail est-il terminé ? Bien sûr que non !

D'abord, vous vous assurez que votre client retire le plein bénéfice de son achat. Vous devez le suivre pendant un certain temps et répondre à toutes ses questions. Vous vérifiez qu'il en reçoit pour son argent, et plus.

Pourquoi vous donner tant de mal, alors que vous avez conclu la vente ? Parce que vous voulez un client à vie et parce que vous voulez des références.

Vos *pires* clients satisfaits seront souvent plus efficaces à vendre vos solutions que vos *meilleurs* représentants. Rien de mieux qu'un client satisfait pour accroître vos ventes.

Certes, le temps que vous passez avec un client qui a déjà acheté ne peut être employé à chercher d'autres clients. Cependant, ce temps est un bon investissement, un puissant levier. Votre client satisfait sera une source incomparable de futurs clients si vous avez pris la peine de bien «ancrer» votre solution dans sa vie.

Vous avez donc besoin d'une séquence d'ancrage *après la vente*.

Un exemple de processus de markevente

Reprenons l'exemple de l'entreprise des Bateaux ABC. Un des segments de clients choisis par l'entreprise est constitué des nouveaux prospects qui font partie de la catégorie des gens d'affaires.

L'entreprise cherche à vendre à ses cibles des bateaux à voile. Après une analyse des clients précédents et du marché, les gestionnaires ont choisi les routes de prospection suivantes :

1. Les envois par courrier
2. La publicité dans des revues spécialisées
3. Un site Internet
4. Une annonce dans les Pages Jaunes
5. Une alliance stratégique avec des conseillers financiers
6. Un système de références
7. Un distributeur
8. Du télémarketing

Huit routes, huit façons d'atteindre le marché. Un exemple de ce que Jay Abraham appelle « le Parthénon du marketing ».

L'offre proposée inclut entre autres une proposition de vente unique, une offre de vente multipliée (*bumping*), et une stratégie de renversement du risque (ces stratégies seront expliquées en détail par la suite).

Pour commencer, Bateaux ABC s'est dotée d'une seule séquence de conversion en 7 étapes :

1. Un appel téléphonique (reçu des cibles intéressées)
2. Une brochure explicative
3. Un deuxième appel pour répondre aux questions
4. Une visite en magasin
5. Un vidéo promotionnel envoyé chez le client, incluant des témoignages
6. Un appel
7. Une lettre présentant une « offre irrésistible »

Lorsque vous bâtissez votre séquence de conversion, vous devez mesurer l'efficacité de chaque étape et l'ordre de chacune. Il est possible que les étapes soient bonnes mais qu'elles soient effectuées dans la mauvaise séquence.

Une des étapes essentielles à tout effort de conversion est celle des **témoignages**. Vous devez vous bâtir des outils de crédibilité et de témoignages.

Lorsque la vente est conclue, vous passez à la séquence de la livraison de valeur :

Dans les 24 heures suivant la vente, le client reçoit une lettre de félicitations dans laquelle vous présentez les arguments qui le convaincront qu'il a fait le bon choix.

1. La facture est acheminée au client.

2. La commande parvient à la division de l'expédition.

3. Un cours de formation est offert au nouveau propriétaire.

4. Une plaque souvenir est envoyée au client.

La dernière partie du processus est l'ancrage. Lorsque le client a pleinement constaté la valeur de votre solution, il est temps d'utiliser ce dernier pour accroître d'autres ventes : ce sont les séquences d'ancrage. Poursuivons avec l'exemple des Bateaux ABC.

Les séquences d'ancrage des Bateaux ABC

1. Le représentant visite le client pour un deuxième cours, cette fois avec le bateau du client.

2. Le client reçoit une vidéocassette portant sur le bateau à voile.

3. Le client reçoit un appel une fois par semaine au cours des six semaines suivant la date de l'achat et de la livraison pour qu'il puisse poser des questions et y recevoir une réponse.

4. On demande un témoignage au client.

5. On demande des références au client.

La séquence de marketing complète est terminée. Comme vous pouvez le constater, elle est beaucoup plus vaste qu'une simple « stratégie » ou une seule « publicité ».

Dès qu'une séquence est terminée, il faut déjà penser au prochain problème du client et l'intégrer au programme de relance. Chaque fois que vous avez quelque chose à lui offrir, vous reprenez la séquence de marketing prospection-conversion-livraison-ancrage.

Votre coffre à outils de marketing

Dans votre pyramide stratégique, vous avez déterminé combien d'unités de chaque solution vous voulez vendre à chaque segment de clients. Il vous faut maintenant préparer les séquences de marketing requises pour lancer vos stratégies de nombre, de fréquence et de rentabilité.

Pour préparer vos séquences, c'est-à-dire pour préparer les activités de prospection, de conversion, de livraison et d'ancrage, vous avez besoin d'outils de marketing.

Ces outils sont tout ce que vous utilisez pour transmettre votre message, comme vos brochures, vos scripts d'appel, vos lettres de témoignages, vos vidéos, vos publicités, vos rapports annuels, bref tout ce qui peut aider à présenter vos solutions.

Avant de créer vos séquences, vous devez rassembler votre matériel et vos outils de promotion. Ces outils et ceux que vous développerez feront partie de vos séquences.

Faites la liste de votre inventaire d'outils actuels et à développer avant d'aller plus loin.

La démarche globale

Faisons le point sur la démarche complète du marketing révolutionnaire.

- Vous avez bâti votre pyramide stratégique et vous avez déterminé des segments particuliers de clients ainsi que le nombre d'unités de chaque solution à vendre par segment.

- Vous connaissez la séquence des problèmes de vos clients ciblés, donc vous connaissez leur problème de tête ou de départ.

- Vous choisissez maintenant si la croissance de vos ventes passe par des stratégies de nombre, des stratégies de fréquence ou des stratégies de rentabilité, et dans quelle proportion.

- À partir des « taux de succès » prévus (chapitre suivant), vous déterminez le nombre de chaque type de stratégies à utiliser.

- Vous préparez vos séquences de marketing, c'est-à-dire vos routes et vos offres (prospection, conversion, livraison et ancrage) en assemblant en séquence des activités soutenues par des outils de promotion puisés dans votre coffre à outils.

- Vous vous assurez que votre entreprise utilise un minimum de 8 à 10 séquences en parallèle.

- Vous lancez vos 8 à 10 séquences de marketing pour atteindre les différentes cibles.

- Chaque cible qui réagit aux offres faites à travers vos routes devient un prospect.

- Vous faites passer chaque prospect à travers les activités de conversion en six ou sept étapes, chaque étape ajoutant de nouvelles informations.

- Lorsque votre prospect devient client et accepte votre proposition, vous démarrez la séquence des étapes de livraison en vous assurant de bien « rassurer » votre client sur son choix.

- Vous lancez votre processus d'ancrage pour maximiser les résultats de votre client de sorte qu'il retire le plus de bénéfices possibles.

- Vous obtenez de votre client satisfait des témoignages et des références.

- Comme le canal « références » est en soit une route de prospection, vous repartez la boucle au point 5 avec la nouvelle cible qui vous a été référée, et le cycle se nourrit de lui-même !

- Vous relancez votre client au moyen de stratégies de fréquence.

Ce type d'orchestration est extraordinaire, car éventuellement vous n'aurez pratiquement plus besoin d'utiliser de nombreuses routes de prospection. Vos références se chargeront elles-mêmes de remplir votre entreprise de commandes.

Exercice

Choisissez, parmi vos solutions et vos segments de clients, **une** solution et **un** segment de clients, tirés de l'exercice de la pyramide stratégique.

Dans cet exercice-ci, on vous demande de bâtir **une** séquence de marketing complète pour amener une cible à devenir client. Donc, bâtissez une de vos 8 à 10 routes, pour une solution précise.

1. Choisissez d'abord si votre objectif est d'augmenter le nombre de clients, d'augmenter la fréquence des achats des clients ou d'augmenter la rentabilité des achats de vos clients. Cette décision influera sur le type d'offre et le type de route que vous choisirez.

Pour préparer votre séquence, il vous faut une offre et une route. Cette route est constituée des activités de prospection, de conversion, de livraison et d'ancrage.

Chacune de ces activités est bâtie autour d'un des outils de votre coffre à outils.

2. Avant de choisir vos routes, vous devez créer une offre. Décrivez une offre simple que vous pourriez présenter au segment de clients choisi, en fonction du type de stratégie choisie.

3. Vous êtes rendu à l'étape de la séquence d'activités ou route constituée d'un minimum d'étapes de prospection, de conversion, de livraison et d'ancrage. Pour bâtir cette route, servez-vous des exemples de stratégies et des outils de votre coffre.

Commencez par les activités de prospection.

4. Déterminez les six à sept étapes de conversion que vous utiliserez pour faire passer votre cible de prospect à client. Notez les délais requis entre chaque étape. Si vous jugez que vos cycles de vente ou délais de conversion sont trop longs, il est possible que vos étapes soient inadéquates ou qu'elles soient dans le mauvais ordre.

5. Vous êtes prêt à la livraison de votre produit ou service. Faites la liste des étapes que vous comptez utiliser, en n'oubliant pas d'inclure des éléments pour rassurer votre nouveau client.

6. Il vous reste l'ancrage à faire. Vos objectifs sont clairs : vous devez tout mettre en œuvre pour que votre client soit plus que satisfait, et ce, dans les plus brefs délais après l'achat.

Cette partie est presque toujours négligée par le personnel de vente. Mais si la relation n'est pas ancrée, votre client risque de retourner la marchandise ou alors il ne rachètera pas souvent chez vous. Pire encore, vous ne pourrez pas utiliser l'investissement que vous aurez fait pour convertir ce client comme moyen de recrutement et de témoignage pour d'autres prospects.

Faites la liste des étapes d'ancrage que vous utiliserez pour la solution et le segment de clients choisis.

Voilà ! Ce n'est pas sorcier, vous êtes déjà avancé...

Percevez-vous maintenant l'aspect « scientifique » et précis d'une vraie démarche de marketing pleinement intégrée ? Vous venez de bâtir une séquence complète pour offrir votre solution.

Vous devrez maintenant reprendre la démarche pour préparer les autres séquences requises, en fonction de vos besoins en stratégies de nombre, en stratégies de fréquence et en stratégies de rentabilités.

Orchestrez de cette façon toutes les séquences de marketing pour chaque combinaison *solution-segment de clients* de votre entreprise, en fonction de vos objectifs de pyramide stratégique.

Wow ! Que c'est beau le marketing... scientifique !
Bon, d'accord, je m'emporte... Puis après ?

14

Nostradamus
n'aurait pas fait mieux

Nostradamus
n'aurait pas fait mieux

Rien de mieux que de mesurer, connaître et tester les taux
pour prédire l'avenir en marketing. Connaissez-vous les vôtres ?

L A PLANIFICATION et le marketing ne font pas toujours bon ménage. Malgré tous nos efforts pour essayer de prédire l'avenir, nous en sommes incapables.

Devons-nous donc abandonner toute tentative d'orienter nos activités ? Peut-être pas. Si nous n'avons pas de boule de cristal à notre disposition, nous avons toujours accès à l'expérience pour nous guider.

Les taux de succès

Le marketing révolutionnaire est d'abord et avant tout un marketing *expérimental*. Qui dit expérience dit mesure.

Quoi mesurer? **Des taux.**

Un taux de succès mesure le nombre de clients obtenus à la suite d'une séquence de marketing. Par exemple, si vous envoyez 1 000 lettres à des clients cibles et que vous parvenez à convertir 5 clients, votre taux de succès pour cette séquence serait de 0,5 %.

Il faut tout mesurer. Dorénavant, vous devez mettre en place des procédures pour amasser de l'information sur vos taux de succès.

Malheureusement ou heureusement, il n'existe pas de «bible des taux». Vous ne pouvez pas vous procurer une liste des taux de succès par canal de marketing, par magazine, par journal ou par ce que vous voulez.

 Il n'y a que deux sources qui vous donnent la mesure des taux de succès : votre expérience ou celle des autres.

Si vous ne mesurez pas vos taux de succès chaque fois que vous faites de la mise en marché et de la vente, vous vous privez d'une riche source de connaissances pour l'avenir.

Les taux sont vraiment à la base du marketing. À partir de l'outil de gestion de croissance que nous avons appelé la pyramide stratégique, vous devez utiliser les taux pour calculer à l'avance le nombre, la fréquence et la quantité de stratégies, ou plutôt de séquences, que vous devrez utiliser par solution et par segment de clients.

Si, par exemple, vous avez choisi de vendre 8 bateaux à voile à des clients actuels actifs en entreprise, comment faites-vous pour décider si vous avez besoin de 30, 50 ou 88 visites de représentants ? Il vous faut connaître le taux de succès d'une visite de représentant.

Comment faites-vous pour décider combien de brochures vous distribuerez si vous n'avez pas calculé à l'avance le taux de succès des envois que vous ferez avec ces brochures ?

Les taux de prospection et de conversion

Par définition, un taux de succès est le taux global pour une séquence globale de marketing précise. Au chapitre précédent, nous avons vu qu'une séquence globale de marketing inclut la prospection, la conversion, la livraison et l'ancrage.

Le taux de succès se mesure principalement à l'aide du taux de prospection et du taux de conversion.

Le taux de prospection

Le taux de prospection mesure l'efficacité d'une route de marketing de prospection. Il vous donne le nombre de clients potentiels qui ont manifesté leur intérêt à la suite d'une de vos initiatives de prospection.

Par exemple, si vous avez envoyé 500 brochures par courrier et que vous avez obtenu 5 appels, vous avez un taux de prospection de 1 %.

 Attention ! Il est plus important d'avoir un bon taux de conversion qu'un bon taux de prospection. La qualité avant la quantité. Sinon vous ouvrirez votre portefeuille...

Dans certains cas, le calcul du taux de prospection est plus difficile à faire. Dans le cas de publicités, vous avez deux options. Vous pouvez calculer un taux en fonction du nombre d'appels par annonce ou du nombre d'appels par lecteur.

Supposons que vous avez placé une annonce dans un journal de 100 000 lecteurs (ce qu'on appelle la « circulation ») et que vous receviez 50 appels. Votre taux de prospection pourrait être calculé de deux façons :

Taux de prospection = nombre d'appels / nombre d'annonces

Taux de prospection = nombre d'appels / nombre de lecteurs

Dans cet exemple, vous obtenez soit un taux de prospection de 5 000 % (50 appels pour 1 annonce) soit un taux de prospection de 0,5 % (50 appels sur 100 000 lecteurs).

Vous pouvez procéder par l'une ou l'autre de ces méthodes de calcul. L'important est que vous ayez l'information suffisante pour calculer votre taux et que vous utilisiez la même méthode de calcul d'une fois à l'autre.

Le taux de conversion

Le taux de conversion calcule le nombre de clients convertis par rapport au nombre de prospects ou clients potentiels, c'est-à-dire par rapport au nombre de clients qui ont manifesté leur intérêt.

Vous avez 30 prospects et votre équipe de représentants parvient à convaincre 3 clients ? Votre taux de conversion est de 10 %.

Nous avons vu qu'une bonne séquence de conversion possède au moins six à sept étapes. Votre taux de conversion peut donc être brisé en six ou sept sous-taux.

Pour l'instant, limitez-vous à mesurer votre taux global de conversion et notez à quelle étape de votre séquence de conversion chaque client accepte ou rejette votre solution.

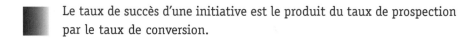 Le taux de succès d'une initiative est le produit du taux de prospection par le taux de conversion.

Si vous avez mis à la poste 1 000 lettres et que vous avez reçu 50 appels, votre taux de prospection est de 5 %. Sur ces 50 prospects, si vous parvenez à convertir 10 personnes ou entreprises, votre taux de conversion sera de 20 %. Au total, votre taux de succès sera de 1 %, soit 10 personnes sur 1 000 ou 5 % multiplié par 20 %.

Mesurer les délais et la rentabilité

 Outre les taux de succès de prospection et de conversion, qui vous donnent une mesure du *nombre* de clients par rapport au *nombre* de cibles, vous devez aussi mesurer les délais et la rentabilité de vos séquences de marketing.

Les délais

La mesure des délais est relativement simple. Trois délais doivent être mesurés :

Le délai global : la durée entre le lancement de votre route de prospection et la date à laquelle votre prospect devient client.

Le délai de prospection : la durée entre le lancement de votre route de prospection et la date à laquelle votre cible devient prospect.

Le délai de conversion : la durée entre la date à laquelle votre cible devient prospect et la date à laquelle votre prospect devient client.

Le délai global est la somme du délai de prospection et du délai de conversion.

Il est important de mesurer les délais pour vous assurer que vos initiatives attirent les bonnes personnes, mais dans des délais raisonnables.

La rentabilité

Outre les nombres et les délais, il faut aussi mesurer la rentabilité. Les deux *ratios* que vous devez mesurer sont les suivants :

- Le coût d'un client

- Le ratio rentabilité marginale partielle / coûts de la séquence de marketing

Le coût d'un client se calcule en divisant les coûts totaux de la séquence de marketing (prospection, conversion, livraison et ancrage) par le nombre de clients.

Si vous avez dépensé 2 000 $ en prospection, 10 000 $ en conversion, 1 000 $ en livraison (d'un point de vue marketing) et 5 000 $ en ancrage, le total de vos coûts est de 18 000 $ pour votre séquence globale. Si vous avez obtenu de cette séquence 36 clients, votre coût par client est de 900 $.

Votre coût par client ne doit pas, bien sûr, excéder votre rentabilité marginale partielle, c'est-à-dire les profits dont vous disposez avant les dépenses de marketing et de frais fixes.

Une autre façon de mesurer la rentabilité d'une séquence est de diviser la rentabilité marginale partielle d'une solution vendue par le coût de la séquence de marketing utilisée pour vendre la solution. Si ce ratio est plus grand que 1, la séquence est probablement bonne. S'il est inférieur à 1, elle n'est pas rentable.

Admettons, par exemple, que la vente d'un bateau à voile vous donne 5 000 $ en rentabilité marginale partielle (vente – coûts directs) et que le coût du marketing par client est de 3 000 $, votre ratio de rentabilité donnerait 1,66. Comme ce ratio est supérieur à 1, on peut supposer que le choix de la séquence de marketing est valable.

Connaissez-vous les taux de votre entreprise ?

Êtes-vous capable de répondre aux questions suivantes ?

- Combien d'appels avez-vous reçus le mois dernier à la suite de votre annonce dans les Pages Jaunes ?

- Combien de rencontres vos représentants doivent-ils faire pour conclure une vente ?

- Combien de brochures devez-vous envoyer pour recevoir 10 appels ?

- Quel a été le taux de prospection et le taux de conversion de votre dernière exposition ?

- Combien d'appels avez-vous reçus à la suite de votre plus récente publicité ? Quel taux de conversion avez-vous atteint par ces appels ?

Les taux sont au marketing ce que le volant
est à l'automobile, la poule au coq, le gazon aux girafes,
le bois aux parieurs...

Des stratégies, des stratégies, encore des stratégies

Des stratégies, des stratégies, encore des stratégies

Trois types de leviers, trois types de familles de stratégies. Diversifiez votre coffre à outils pour maximiser la puissance de vos séquences markevente.

CE CHAPITRE vous présente une série de stratégies particulières. Chacune des stratégies présentées peut être catégorisée en stratégie de nombre, stratégie de fréquence ou stratégie de rentabilité.

Il existe un nombre incalculable de stratégies et de variantes. Votre défi sera de maîtriser les stratégies présentées dans cet ouvrage et d'en ajouter de nouvelles régulièrement.

Les stratégies de nombre

 Ces stratégies représentent les différentes façons **d'atteindre vos cibles** pour **augmenter le nombre de vos clients.**

Nous avons déjà vu que chaque stratégie doit être intégrée à une séquence d'activités, séquence composée d'une offre et d'une route.

La route est subdivisée en prospection, conversion, livraison et ancrage.

Comme vous ne pouvez jamais imposer une route à vos clients, en raison de leurs préférences, vous devrez utiliser plusieurs routes en parallèle.

 Si vous voulez couvrir tous les segments de clients visés, votre entreprise devra nécessairement utiliser un minimum de 8 à 10 routes en parallèle.

Voyons maintenant quelques-unes des routes les plus intéressantes appliquées à l'augmentation du nombre de clients.

Les systèmes de référence

Le bon vieux bouche à oreille. Rien n'est plus efficace qu'un client satisfait. Un client très satisfait parvient souvent à provoquer une vente là où vos représentants ont de la difficulté.

Les résultats parlent plus que toute autre chose. Vous devez considérer vos clients comme faisant partie de votre force de vente. Par conséquent, si vos clients font partie de votre force de vente, vous êtes prêt à rémunérer leurs efforts !

Il existe une multitude de variantes du principe selon lequel un client et même un prospect qui a refusé d'acheter votre solution est une bonne source de clients futurs, dans la mesure où il a été satisfait par ce que vous avez offert ou par votre façon de l'offrir.

Non seulement votre équipe de représentants, mais aussi tout votre personnel doit être prêt à demander une référence. Toute personne en contact avec le client doit le faire.

Des exemples de systèmes de référence

L'approche de base

Le système le plus fondamental est celui dans lequel vos représentants demandent tout simplement une référence, sans plus.

Le meilleur moment pour demander une référence à un client se situe lorsqu'il a pleinement goûté une solution et qu'il manifeste sa satisfaction. Un autre bon moment survient lorsqu'un client potentiel choisit de refuser votre offre et accepte de donner une référence pour se déculpabiliser de vous avoir dit non. (Personne ne se plaît à dire non... sauf mon épouse... C'est une blague, bien sûr.)

L'approche de base rémunérée – fermée

Dans cette approche, vous acceptez le fait que la référence reçue du client vous ait permis d'économiser sur vos frais de marketing – plus spécialement vos frais de prospection – et vous donnez en commission une partie de vos économies à la source de la référence.

Ce faisant, vous encouragez la personne ou l'entreprise à poursuivre ses efforts de références. Un système fermé ne paie une référence que si elle conduit à une vente.

L'approche de base ouverte

On verse une ristourne pour une référence, même si cette référence ne conduit pas à une vente. Ce genre de système est utilisé lorsque votre entreprise souffre d'un faible taux de prospection mais d'un fort taux de conversion.

Une référence à l'entrée

Un des systèmes qui vaut la peine d'être essayé est celui de la « condition d'entrée ». Dans cette approche, la référence *devient une condition pour offrir vos solutions au nouveau client.*

Par exemple, vous vendez des solutions de consultation en psychothérapie. Comme vous voulez vous consacrer à vos patients et non pas à faire de la promotion pour vos solutions, vous imposez, comme condition aux nouveaux patients, *de vous emmener deux nouveaux patients avant que vous ne commenciez à les servir.*

Cette condition quelque peu radicale peut donner des résultats surprenants. En imposant des références, vous pouvez dire à vos clients que vous vous concentrez sur eux et que vous réclamez des frais moins élevés pour vos services, étant donné que vous n'avez pas à leur refiler vos dépenses de marketing.

Une variante sur la référence à l'entrée

Vous imposez à vos nouveaux clients d'être référés par des anciens. Pas référé ? Pas servi ! Cette imposition crée une sorte d'envoûtement, de mystère pour vos solutions.

En faire une condition d'emploi

Vous voulez un emploi ? Vous devez fournir au moins deux références par mois à l'entreprise.

À vous maintenant de trouver des idées de systèmes de référence en vous inspirant des exemples cités. Par exemple, vous pourriez utiliser le concept de référence rémunérée fermée pour offrir un don à une organisation de charité au choix du « référant », pour chaque référence reçue.

Vous pourriez aussi rémunérer les références en remettant un panier cadeau contenant des articles que vous auriez négociés en les achetant à gros volume. Vous pouvez même rémunérer vos « référants » en incluant leurs entreprises dans vos prochaines publicités.

Ne vous limitez pas et surtout, ne présumez de rien. C'est au marché de décider si un système est efficace ou non, pas à vous.

Les envois par courrier (direct mailing)

Traditionnellement, la meilleure façon d'atteindre vos clients était de trouver de bons distributeurs. Grâce à l'arrivée des réseaux d'information et à l'ouverture des marchés, il est de plus en plus facile de trouver et de joindre *directement* vos cibles, sans passer par des intermédiaires coûteux.

L'envoi par courrier est l'une des routes les plus rentables qui s'offrent à vous. L'utilisation du courrier est précise, directe et mesurable.

Pour réussir dans l'envoi du courrier direct, vous devez respecter certains critères :

1. Une bonne liste de clients

Vous devez bien choisir votre liste de clients; c'est la condition pour obtenir un meilleur taux de réponse.

Autrement dit, vous devez effectuer une préqualification, particulièrement si vous offrez des solutions spécialisées.

Il existe un marché considérable de «listes». Au Canada, ce marché est en voie d'expansion rapide. Aux États-Unis, vous pouvez acheter des listes pour à peu près tout.

Ces listes s'achètent souvent par l'intermédiaire de courtiers de listes. Certains de ces courtiers basent même leur rémunération selon le nombre de réponses que vous obtenez à la suite de votre envoi, au moyen de leur liste.

2. Préparer votre enveloppe

Un des plus grands défis du courrier consiste à s'assurer que les cibles liront la lettre! Plus encore, il faut qu'elles ouvrent votre enveloppe. Les individus et les entreprises reçoivent tellement de paperasse inutile qu'ils ne prennent pas le temps d'ouvrir tout ce qu'ils reçoivent. Vous devez trouver des moyens pour que vos cibles ouvrent vos enveloppes.

3. Préparer le contenu

Une grande erreur à propos du contenu consiste à demeurer général. Vous devez prendre *un* problème particulier vécu par la clientèle cible et lui présenter votre solution.

Joignez toujours une lettre de vente à tout envoi. N'envoyez pas seulement votre brochure d'entreprise (la brochure d'entreprise ne figure pas parmi les outils les plus performants, alors donnez-vous une chance!).

Respectez les règles de la préparation de publicités qui rapportent gros. Nous traiterons de ces règles dans un chapitre ultérieur.

4. Faire le suivi

Un envoi par courrier moyen, fait à partir d'une liste relativement bien ciblée, donne habituellement des taux de prospection variant de 0,5 % à 2 %.

Si vous avez envoyé 1 000 lettres, attendez-vous à recevoir environ 5 à 20 appels. Les appels entrants (*in-bound*) proviennent de cibles qui s'intéressent à votre offre après la lecture de votre matériel. Elles appellent ou vous écrivent, selon vos directives.

Que devez-vous faire avec le reste des cibles que vous avez ciblées ? Il est suggéré de choisir un échantillon composé de 5 % à 10 % des cibles qui n'ont pas répondu puis d'effectuer un suivi téléphonique afin de mesurer si l'addition d'un appel augmente le résultat de votre envoi. Dans la plupart des cas, cet appel contribue largement au succès de l'initiative.

Si votre test est concluant, vous pouvez appeler systématiquement toutes les cibles qui n'ont pas répondu et les inclure dans votre processus en sept étapes.

5. Mesurer vos résultats

En mesurant vos taux de prospection et vos taux de conversion, vous pourrez continuellement améliorer votre matériel.

Ne vous découragez pas si vous n'obtenez pas un taux de prospection de 5 % dès le premier envoi ! Avez-vous atteint 72 lors de votre première ronde de golf ?

Le marketing audio et le marketing vidéo

Aimeriez-vous disposer de 10 000 représentants qui travailleraient 24 heures sur 24, 7 jours par semaine, les soirs, les jours de congé, année après année, sans jamais prendre de vacances, sans congé de maladie, et ce, avec une constance frisant la perfection ? C'est possible !

La vidéo de marketing est l'un des outils les plus extraordinaires et les plus sous-utilisés par les entreprises. Un vidéo du genre « infopublicité » peut littéralement remplacer un représentant.

Vous devez absolument considérer cette forme de mise en marché. Une cassette audio ou vidéo peut être écoutée ou visionnée aussi souvent que votre cible le souhaite. Elle se passe de main en main, de personne en personne. Elle travaille pour vous.

Dans une vidéo de marketing, on ne parle pas de soi. On parle de **sa solution**, en présentant des démonstrations, des témoignages et une démarche à suivre. En fait, il s'agit d'offrir votre proposition de vente sur bande.

Réfléchissez aux différentes solutions que vous pourriez présenter au moyen d'une vidéo. Celle-ci peut être utilisée non seulement comme route de prospection, mais aussi comme étape de conversion ; la vidéocassette fera le travail « interne » chez votre prospect, après le départ de votre représentant.

La publicité

La publicité dans les médias figure incontestablement parmi les meilleures routes de marketing. Quel que soit le média utilisé, la télévision, la radio, les journaux ou les magazines, la publicité doit être au menu de votre famille de routes.

Pour bien choisir le média, vous devez connaître les habitudes de vos cibles. Faites des recherches **et** testez les médias avant de vous lancer dans des budgets importants.

Les magazines spécialisés constituent un bon choix de média. Internet est également en voie de devenir un média non négligeable et peu dispendieux à tester.

Vous verrez dans un prochain chapitre la démarche à faire pour la préparation d'outils publicitaires de qualité.

Les systèmes d'endossement externe

Nous avons vu que le but premier de votre entreprise est de créer des relations de confiance à long terme avec vos clients.

Ce lien de confiance est ardu à établir. Vous devez y consacrer temps et énergie.

 Le principe d'un système d'endossement externe consiste à emprunter des relations de confiance déjà existantes pour accélérer le processus de vente.

On parle d'endossement externe lorsque vous cherchez à utiliser une relation de confiance déjà établie entre votre cible et un autre fournisseur. Vous vous servirez de la technique « cavalier-monture » (*piggyback*) avec cette relation.

Vous devez identifier les entreprises ou les personnes qui ont déjà établi des relations de confiance avec les clients que vous ciblez. Ensuite, vous vous entendez avec eux pour qu'ils *introduisent* ou *appuient* vos solutions auprès de leurs clients, ce qui vous épargne temps et énergie. En retour, vous leur versez une somme d'agent ou vous leur offrez une autre forme d'échange.

 Les bonnes stratégies d'endossement externe peuvent multiplier vos revenus et profits en quelques mois !

Deux types d'endossement externe sont à votre disposition. Les endossements externes « **en amont** » et ceux « **en parallèle** ».

En amont : vous cherchez des entreprises qui offrent des solutions *que les clients utilisent avant les vôtres dans la séquence de ses problèmes.*

En parallèle : vous cherchez des entreprises qui offrent des solutions *qui servent au même moment que les vôtres dans la séquence des problèmes du client.*

Le principe est très simple mais combien puissant !

Des exemples de systèmes d'endossement externe

Premier cas : Une entreprise fait de l'aménagement paysager

Solution sous analyse : la pose de pelouse

L'entreprise a d'abord défini des solutions qui viennent en « amont » de la pose de pelouse. Qu'achète un client habituellement *avant* d'acheter de la pelouse ? Une maison par exemple !

Qu'achète une entreprise *en même temps* qu'une installation de pelouse ? Des outils de jardinage, comme des boyaux d'arrosage, de l'engrais, etc.

L'entreprise pourrait donc faire une alliance d'endossement externe avec un entrepreneur ou un contracteur en construction de maison, et avec un commerce de détail ou un manufacturier pour les outils de jardinage.

Deuxième cas : Un commerce de détail d'articles de sport

Solution sous analyse : l'équipement de ski alpin

L'entreprise a d'abord trouvé des solutions qui viennent en « amont » de l'achat d'équipement de ski alpin. Qu'achète habituellement un client *avant* d'acheter des skis ? Des magazines axés sur le choix d'un équipement de ski par exemple, ou la location d'un équipement afin de vérifier si ce sport lui convient, etc.

Qu'achète un client *en même temps* que ses skis ? Certainement des vêtements de ski, des billets de ski et même des voyages de ski.

L'entreprise pourrait donc faire une alliance d'endossement externe avec un éditeur de magazines et obtenir la liste de ses lecteurs, ou avec des centres de ski qui font la location d'équipement, ou avec des agences de voyages qui offrent des voyages de ski, etc.

Troisième cas : Un salon de coiffure

Solution sous analyse : une coupe de cheveux

Qu'est-ce qui vient *auparavant* ? Par exemple, la fréquentation d'une garderie pour y déposer les enfants pendant le rendez-vous au salon de coiffure ou un magasin de produits de beauté.

Qu'est-ce qui vient *en même temps* ? Des boutiques de produits de beauté ou de vêtements ou, même, des clubs de conditionnement physique.

Tous ces exemples illustrent une approche similaire pour mettre la main sur une liste *existante* de relations de confiance qui accélérera le cycle de conversion.

Les stratégies de fréquence

L'actif le plus important de votre entreprise est vos clients actuels, à la condition que vous vous dotiez de stratégies pour **augmenter la fréquence de leur consommation.**

Augmenter la fréquence des achats de vos clients consiste à répondre du mieux possible à la séquence de leurs problèmes en prévoyant les problèmes subséquents.

Les stratégies de fréquence ou de relance vous permettent de maintenir le lien de confiance établi avec vos clients afin de consolider leur fidélisation.

Examinons quelques-unes des stratégies de fréquence.

La vente bonifiée

La vente bonifiée met l'accent sur la séquence de problèmes de vos clients. Pour l'utiliser, vous devez préparer à l'avance une séquence de solutions à offrir à vos clients ainsi qu'une fréquence pour introduire vos offres.

Vous utilisez ce type de vente pour présenter à vos clients d'autres solutions pour des problèmes variés. Vous pouvez être aussi large que vous le désirez dans votre sélection de solutions. L'important est que vous développiez le réflexe de préparer un programme de solutions à fréquence régulière pour chaque type de clients.

L'idéal est de bâtir à l'avance trois ou quatre programmes de relance, c'est-à-dire trois ou quatre séquences de solutions par segment de clients.

Lorsqu'un nouveau client se joint à votre liste, il entre automatiquement dans un de vos programmes de relance. Il reçoit donc des offres de solutions à intervalle régulier.

Même s'ils sont satisfaits, vos clients ne se souviendront pas nécessairement de vous. Vous devez trouver les moyens d'être présent à leur mémoire.

Les alliances d'endossement interne

Au chapitre précédent, nous avons parlé des systèmes d'endossement externe par lesquels vous utilisez les relations de confiance déjà établies par une autre entreprise avec vos clients cibles, pour offrir vos solutions.

Nous avons dans ce cas parlé de solutions en amont et en parallèle.

Les endossements internes utilisent le même principe mais à l'inverse : *vous* présentez des solutions d'autres entreprises à vos clients actuels.

Dans ce cas, vous cherchez des solutions qui sont **en parallèle** ou **en aval** par rapport aux vôtres. Vous cherchez des solutions qui répondent aux problèmes subséquents dans la chaîne des problèmes de vos clients.

Exemples de systèmes d'endossement interne

Reprenons les exemples utilisés pour décrire l'endossement externe :

Premier cas : Une entreprise fait de l'aménagement paysager
Solution sous analyse : la pose de pelouse

L'entreprise a trouvé des solutions qui surviennent en « aval » de la pose de pelouse. Qu'achète habituellement un client *après* avoir acheté de la pelouse ? Bien des clients, s'ils ont des enfants, achètent des balançoires et autres équipements de jeux. L'entreprise peut donc « vendre » sa liste de clients à une entreprise dans ce domaine et toucher une commission sur les ventes de celle-ci.

Deuxième cas : Un commerce de détail d'articles de sport

Solution sous analyse : l'équipement de ski alpin

L'entreprise a défini des solutions qui viennent après l'achat d'équipement de ski alpin. Qu'achète habituellement un client *après* avoir acquis des skis ? Par exemple, un billet de saison dans un centre de ski ou une assurance-emploi, en cas d'accident.

L'entreprise pourrait donc faire une alliance d'endossement interne avec une compagnie d'assurances et offrir les solutions de cette entreprise à ses clients actuels.

Troisième cas : Un salon de coiffure

Solution sous analyse : une coupe de cheveux

Qu'arrive-t-il *après* ? Par exemple, le client achètera des produits qui lui permettront d'entretenir la coupe et les cheveux.

Ces exemples montrent une approche similaire pour utiliser votre liste de clients actuels et rentabiliser cet actif en offrant à d'autres fournisseurs la chance d'utiliser vos relations de confiance.

Vous avez payé cher pour bâtir cet actif. Rentabilisez-le en donnant la chance à d'autres fournisseurs bien choisis d'avoir accès à votre liste de clients.

Un programme de fidélisation

 Un programme de fidélisation permet aux clients les plus fidèles de profiter de réductions de prix sous diverses formes.

Pour chaque achat, un client accumule des points bonis qu'il peut par la suite échanger contre des primes ou des réductions.

Le concept de programme de fidélisation est simple mais son application demande de la rigueur. Les programmes plus raffinés demandent aussi un système informatique adéquat.

Des exemples de programmes de fidélisation

L'offre gratuite en échange d'une consommation répétée

Un exemple classique de ce type de programme est celui des commerces de café où l'on vous offre une tasse de café gratuite chaque fois que vous avez acheté cinq ou six tasses au prix régulier.

Des programmes de points

Les compagnies aériennes et certaines cartes de crédit utilisent ce système. Chaque fois que vous utilisez leur produit, vous accumulez des points échangeables ultérieurement contre d'autres produits du même genre ou extraits d'un catalogue.

Les réductions de prix

Ce type de programme offre des réductions de prix aux meilleurs clients. Plus vous achetez et moins cher vous payez.

Un programme d'éducation

 Un des plus grands obstacles à l'achat est certes le manque d'éducation des clients. Vous pouvez utiliser ce principe pour augmenter la fréquence des achats en lançant votre propre programme d'éducation.

Ce type de programme vise à maintenir l'intérêt de vos clients pour vos solutions mais sous une « forme non menaçante ». L'éducation possède une valeur concrète et mesurable.

Des exemples d'un programme d'éducation

Une lettre d'éducation (*newsletter*)

Chaque mois, vous faites parvenir à tous vos clients une lettre sous la forme d'un petit journal, comportant des articles, de l'information, une liste de sites Web, de nouvelles idées, etc.

Des séminaires d'information ou de formation

Vous offrez à vos clients de participer sur une base régulière à des journées ou des soirées d'information ou de formation pour qu'ils puissent se mettre à jour sur votre industrie.

Les rapports d'experts

Chaque trimestre, vous publiez un rapport d'expert sur les tendances de votre industrie pour aider vos clients à mieux se positionner.

Les livres et les cassettes audio ou vidéo

Vous produisez à intervalles réguliers du matériel éducatif sous la forme de livres, de cassettes audio ou vidéo, pour éduquer la clientèle.

Les stratégies de rentabilité

Chaque type de stratégie est composé d'une route et d'une offre. **Les stratégies de rentabilité mettent plutôt l'accent sur l'offre.** Les stratégies de nombre se concentrent surtout sur les routes, tandis que les stratégies de fréquence combinent offre et route.

Les offres sont les propositions que vous faites passer par vos routes. À cette étape, il faut vous préoccuper non seulement du volume mais de la **rentabilité**.

 L'offre fait partie de la mise en marché autant que le produit que vous offrez et que la route que vous utilisez.

En marketing révolutionnaire, on ne peut séparer les éléments les uns des autres et tirer des conclusions isolées. Le prix, les routes, les séquences et les offres forment un tout indissociable.

Les stratégies de rentabilité suivantes sont au sommet du palmarès. À vous de les intégrer à votre entreprise.

L'augmentation des prix

Le prix est une question épineuse qui demande éclaircissement.

La majorité des entreprises choisissent de fixer leurs prix en fonction de deux choses : le coût des matières premières (*cost plus*) et les prix de la concurrence.

De plus, pour la plupart, les prix sont fixes, peu importe les segments de clients et peu importe l'occasion.

Cette vision des prix est trop restreinte. Ce qui détermine le prix d'un article, le prix d'une solution ou le prix d'un service ne devrait pas se limiter aux coûts ni à ce que demande la compétition.

 La meilleure façon d'établir les prix d'une solution – sinon la seule ! – est de **mesurer sa valeur telle que les clients la perçoivent**.

Vous devez maîtriser trois notions :

1. Du point de vue du client, votre prix s'évalue en fonction de la valeur prévue du bénéfice à recevoir. *Cette valeur n'a aucun lien avec vos coûts. Elle ne dépend pas non plus uniquement des prix de la compétition.*

Bien sûr, plus vous mettez l'accent sur les prix et les caractéristiques, plus vos clients auront tendance à réfléchir sur les prix.

Par contre, si vous mettez l'accent sur la valeur des bénéfices que recevra votre client, celui-ci sera porté à évaluer votre offre en fonction du rapport valeur reçue/coût.

L'important n'est pas ce que le client paie mais ce qu'il reçoit en échange de son argent. Vous devez donc « jouer » avec vos prix jusqu'à ce que vous trouviez *par expérience* le montant optimal *tel que le perçoivent vos clients*.

Les prix ne se raisonnent pas : ils s'essaient, ils se testent !

2. Les prix influencent le degré de satisfaction de vos clients. Plus un client paie cher, plus il accorde implicitement une haute valeur à la solution.

« Mais c'est complètement fou ! » me direz-vous. **Fou, mais vrai !**

Une solution vendue à un prix trop bas peut diminuer l'appréciation de cette solution. Une solution vendue à un prix trop bas peut même empêcher un client de tirer tout le profit et tous les bénéfices d'une solution.

Celui qui paie 200 $ pour un livre a de bonnes chances de le lire et d'en appliquer les principes. Celui qui paie 3 $ pour le même livre risque de ne jamais tourner la première page.

Vous devez demander le prix qui permettra à votre client de retirer tous les avantages de ce que vous lui offrez, et qu'il soit conscient du profit qu'il retire.

3. Les individus n'ont pas tous la même échelle des valeurs. C'est une évidence, direz-vous.

Pourtant, si vous acceptez ce principe, vous acceptez aussi que la validité d'un prix dépend de l'acheteur et non du vendeur.

Un prix qui semble adéquat pour un client peut paraître complètement inadéquat pour un autre.

Vos prix doivent varier en fonction des différents segments de clients.

Avoir exactement le même prix pour tous vos segments de clients consiste à croire que tous attachent la même importance à une solution. Le défi est de vous mettre dans la peau des clients et de ne pas faire de suppositions sans avoir au préalable testé le marché.

Un exemple de variation de prix

Prenons le cas d'une entreprise qui offre des séminaires de formation. Cette entreprise avait initialement choisi d'offrir un séminaire de formation d'une journée à 149,99 $, partant de ses coûts de 100 $ et des prix de la concurrence.

Voulant expérimenter le concept de perception de la valeur par les clients, l'entreprise a choisi de faire varier ses prix par segment de clients pour mesurer la sensibilité au prix.

Jusque-là, les dirigeants avaient toujours cru que le prix demandé était adéquat et qu'il permettait d'attirer le maximum de clients possibles.

Premier test : L'entreprise a augmenté ses prix de 10 %. Résultat : aucune différence dans le nombre de participants.

Deuxième test : Augmentation de 100 %. En faisant passer le prix du séminaire de 149,99 $ à 299,99 $, l'entreprise a fait face à un phénomène intéressant. Non seulement le nombre de clients n'a pas diminué mais il a augmenté !

En fait, de nouveaux types de clients ont fait leur apparition. Ces clients jugeaient qu'un séminaire à 149,99 $ ne devait pas être suffisamment bon pour eux. Mais à 299,99 $, il en valait la peine.

Les prix ont un effet direct sur le type de clients que vous attirez.

Pour pleinement utiliser la puissance d'une stratégie de variation de prix, vous devez commencer par retrouver l'origine de vos prix actuels.

Prenez une de vos solutions et demandez-vous d'où vient le prix que vous utilisez actuellement.

- L'avez-vous testé ?

- Avez-vous déjà essayé d'augmenter le prix de 10 % pour mesurer l'effet que cela produirait ?

- Avez-vous déjà essayé d'offrir la même solution à des prix différents selon le segment de clients visés ?

- Avez-vous déjà songé à augmenter vos prix pour offrir une solution supérieure à vos clients ?

C'est peut-être pour vous le temps de remettre vos prix en question. **Une stratégie de prix a un effet INSTANTANÉ sur votre ligne de bas de gamme.** (Si vous vous sentez coupable de faire de l'argent si facilement, ne vous gênez pas pour m'envoyer 10 % de vos nouveaux profits...)

Le groupement de solutions (bundling)

Une stratégie fort ingénieuse est celle de regrouper des solutions pour augmenter le rapport valeur reçue / montant payé pour vos clients.

Connaissant les problèmes complémentaires de vos clients, vous cherchez à regrouper avec votre solution des solutions qui pourraient la compléter.

Comme vous achetez ces autres solutions en grande quantité, *vous pouvez refiler à vos clients la remise que vous obtenez en raison de votre achat en gros volume* et rendre votre offre alléchante. Cette approche permet de distinguer votre solution de celles de la concurrence par un avantage *externe* à votre solution propre.

Par exemple, vous vendez des logiciels de gestion. Vous faites face à une forte concurrence et vous cherchez des moyens de rendre votre solution unique.

Étant donné que votre solution est difficile à distinguer de celles de vos concurrents, vous devez utiliser des « avantages externes » pour augmenter sa valeur. Vous utilisez une stratégie de groupement en découvrant ce que votre client achète habituellement en même temps que votre système, avant votre système ou après votre système (un dérivé des stratégies d'appui).

Par exemple, si vous visez le marché des travailleurs autonomes qui se lancent en affaires, il est possible qu'avant de se procurer votre logiciel de gestion, ces clients aient besoin d'un ordinateur.

Vous pourriez acheter des ordinateurs en quantité plus ou moins importante pour obtenir une remise **et redonner cette remise à vos clients s'ils se procurent votre logiciel de gestion.** Dans ce cas, le groupement a favorisé l'augmentation de la valeur.

Par une stratégie de groupement, vous ne cherchez pas nécessairement à faire un profit sur ce que vous achetez ; vous cherchez à augmenter la valeur perçue de votre offre en offrant une réduction sur les autres solutions groupées à la vôtre.

Cette stratégie est particulièrement intéressante dans les domaines où il est plus difficile de se distinguer. Si vous qualifiez vos solutions de «commodités», vous pouvez vous sortir de cette impasse en utilisant adéquatement une stratégie de groupement (*bundling*).

La vente multipliée (bumping)

Un client achète une de vos solutions, c'est bien. Que pourriez-vous faire pour qu'il en achète plusieurs à la fois ?

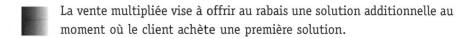

> La vente multipliée vise à offrir au rabais une solution additionnelle au moment où le client achète une première solution.

Le client a déjà accepté votre offre comme étant une bonne solution : il vient de se commettre. Si vous lui offrez une seconde fois la même solution au rabais, il est possible qu'il en prenne davantage.

Vous pouvez vous permettre d'offrir la deuxième unité au rabais *parce que vous n'avez pas de frais de marketing à payer sur cette deuxième unité.* Le client est déjà chez vous et il est convaincu du bien-fondé de la solution.

Vous devez analyser chacune de vos solutions pour vérifier si vous pouvez offrir une deuxième unité au rabais à un client qui achète la première, à condition qu'il la prenne sur-le-champ.

Si vous avez bien fait le calcul de vos coûts directs de marketing par unité vendue pour chacune de vos solutions, vous n'aurez pas de difficulté à déterminer le niveau de réduction que vous pourriez offrir sur la seconde.

Par exemple, vous vendez de la brique. Vous avez calculé qu'une palette de 100 briques vous coûte 50 $ en frais de vente et en marketing. Un client se présente et commande cinq palettes. Sur-le-champ, vous lui offrez d'acheter jusqu'à cinq palettes additionnelles pour 25 $ de moins par palette. C'est une offre de vente multipliée.

Vous travaillez dans l'assurance automobile et votre coût en marketing est de 100 $ par nouveau contrat d'assurance. Dès qu'une personne se procure une assurance-auto chez vous, vous lui offrez immédiatement de prendre une deuxième assurance pour une autre voiture ou pour la maison avec une réduction de 10 %, seulement si cette deuxième police est prise immédiatement.

L'offre de vente multipliée s'applique principalement si le client profite de votre offre sur-le-champ, c'est-à-dire si vous pouvez utiliser vos dépenses de marketing *déjà engagées* pour lui vendre autre chose.

Une variante de la vente multipliée s'appelle la **vente croisée**. Dans ce cas, vous cherchez à offrir une deuxième solution qui n'est pas nécessairement la même que la première. Mais le principe demeure le même. Vous voulez rentabiliser vos frais de marketing et de vente pour la première solution vendue en partageant l'économie sur ces frais avec vos clients sur les deuxième, troisième ou quatrième solutions vendues à la même occasion.

> Vous avez du pain sur la planche pour essayer
> ces nouvelles stratégies de nombre, de fréquence et
> de rentabilité. Mais ne travaillez pas trop fort, promis ?

16

Les stratégies universelles

Les stratégies universelles

Des stratégies « d'un autre niveau »

CHAQUE TYPE de stratégie est composée d'une route et d'une offre. À l'intérieur de la route, nous utilisons une série d'étapes destinées à faire « progresser » la cible : celle-ci devient un prospect, puis un client, ensuite un client satisfait et, enfin, une source de clients.

Au cours de ces étapes, on utilise certaines stratégies dites « universelles ». Elles sont universelles parce qu'elles s'appliquent aux trois types d'objectifs de croissance, soit plus de clients, des achats plus fréquents et des achats plus importants.

Les prochaines stratégies peuvent donc s'intégrer ou être regroupées à toutes les stratégies de nombre, de fréquence ou de rentabilité.

Certaines stratégies sont si populaires qu'elles deviennent presque des séquences à elles seules.

Le renversement du risque

Dans toute relation d'affaires entre deux parties, l'une d'elles assume la majeure partie du risque de la transaction.

La majorité des gestionnaires cherchent à réduire leur risque. Mais trop souvent, ce risque est transféré sur la clientèle à cause d'une vision à court terme.

Vous devez toujours assumer la plus grande partie du risque lorsque vous offrez des solutions à vos clients. Posez-vous les questions suivantes :

- Croyez-vous vraiment dans la qualité et surtout dans l'utilité de vos solutions pour vos clients ?

- Croyez-vous vraiment que vos clients obtiendront des bénéfices substantiels en se procurant ce que vous leur offrez ?

- Êtes-vous convaincu d'avoir honnêtement et de façon éthique offert le maximum à votre clientèle ?

Si vous avez répondu par l'affirmative à ces questions, il n'y a aucune raison de ne pas prendre le risque de la transaction en offrant une garantie incomparable. Vous hésitez ? Pourquoi ?

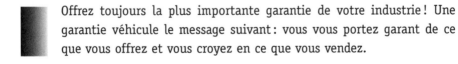 Offrez toujours la plus importante garantie de votre industrie ! Une garantie véhicule le message suivant : vous vous portez garant de ce que vous offrez et vous croyez en ce que vous vendez.

Garantir ses solutions, c'est **renverser le risque**. Vous l'enlevez des épaules des clients et vous le mettez sur vos propres épaules.

Si vous hésitez encore à offrir la meilleure garantie de votre industrie, c'est que vous n'êtes pas absolument convaincu que vos solutions répondent adéquatement aux problèmes de vos clients.

Bien sûr, il est possible qu'en augmentant la couverture de votre garantie, vous ayez plus de retours de marchandise. Cependant, dans la plupart des cas, si vos solutions sont efficaces, *l'augmentation de vos profits dépassera largement l'augmentation des coûts causée par les retours.*

Les types d'offres de renversement du risque

Une garantie est d'abord et avant tout un outil de marketing. Elle constitue un moyen de communiquer au client **comment il pourra mesurer sa satisfaction**.

L'expression « satisfaction garantie ou argent remis » est incomplète et vous prive de l'aspect du marketing.

Vous devez *exprimer* la satisfaction pour votre client. Les meilleures garanties prennent souvent la forme de paragraphes dans lesquels on donne plusieurs mesures potentielles de satisfaction.

Par exemple, pour un produit amaigrissant, on peut écrire ceci : « Si notre nouvelle solution de réduction de poids ne vous aide pas à perdre au moins 15 livres dans les 3 prochaines semaines, s'il ne vous aide pas à avoir plus d'énergie, si vous ne réduisez pas vos heures de sommeil, si votre entourage ne vous fait pas de commentaires positifs sur votre progression, si vous ne changez pas de taille de vêtements et si vous ne vous sentez pas plus en forme que jamais, retournez-nous le contenant et vous serez remboursé, sans question. »

Dans cet exemple, le consommateur a **plusieurs moyens** de mesurer sa satisfaction. Les attentes sont clairement exprimées. Le client peut s'attendre à obtenir les bénéfices qui sont décrits.

Votre objectif est donc d'exprimer votre offre de renversement du risque de manière à toucher les différentes mesures de satisfaction possibles.

Vous augmentez vos chances de satisfaire un client si celui-ci comprend toutes les façons de mesurer sa satisfaction.

Vos garanties ne doivent pas nécessairement offrir un remboursement. Voyons les différents types outre l'offre de remboursement :

- L'offre de remplacement

- L'offre de réduction sur un futur achat

- L'offre de réparation ou de modifications jusqu'à satisfaction

- L'offre de crédit

Prenons, par exemple, le cas d'un agent immobilier et de la vente d'une maison. Il serait très difficile dans une telle situation d'offrir de rembourser l'acheteur et de reprendre sa nouvelle maison pour lui redonner son ancienne.

Par contre, une bonne garantie pourrait être celle-ci : « Si votre nouvelle maison n'est pas tout ce que vous cherchiez, si vous n'y êtes pas extrêmement heureux, si vous n'avez pas tout l'espace demandé, si vous ne vivez pas le calme et la tranquillité, si vous ne trouvez pas à proximité tous les services dont vous avez besoin, je m'engage à vous trouver une nouvelle propriété qui sera à la hauteur de vos exigences, sans aucuns frais de commission et je m'engage à payer pour vos frais de déménagement. »

Ne trouvez-vous pas que cette garantie a plus d'attrait que « satisfaction ou argent remis » ?

La proposition de vente unique ou « USP »

Une proposition de vente unique ou *Unique Selling Proposition – USP* est un des atouts de marketing les plus puissants et les plus sous-utilisés.

Votre entreprise doit chercher à se distinguer des autres. Vos solutions doivent offrir quelque chose d'unique, de différent.

Si vous n'offrez rien d'unique, vous tombez dans le piège de limiter vos solutions à des solutions de commodité et vous devez vous battre pour des prix dans un processus périlleux de soumissions.

 Une proposition de vente unique est une phrase que vous utilisez pour ancrer rapidement dans l'esprit d'un client ce qui vous distingue **de façon mesurable et tangible.**

Une USP n'est pas un slogan vide de sens. Une USP ne cherche pas à divertir, à faire rire ou à montrer à quel point vous pouvez être astucieux. Une USP est votre meilleur outil pour **conditionner** vos clients à saisir ce qui vous distingue.

Vous devez absolument vous distinguer ! Si vous avez vous-même de la difficulté à cerner ce qui vous rend unique, vous qui connaissez bien vos solutions, imaginez ce que feront vos clients !

Une proposition de vente unique se compose de trois éléments :

1. **Une proposition.** Par votre phrase, vous offrez à vos clients vos solutions maîtresses ou une famille de solutions.

2. **Une proposition de vente.** Vous proposez à vos clients de leur vendre une solution.

3. **Un avantage unique.** Votre proposition de vente doit mettre l'accent sur un avantage unique.

Si vos solutions ne présentent aucun avantage unique – et ces situations sont plutôt rares –, vous devez au moins être la première entreprise à informer le public de *l'un de ces avantages.*

Être le premier à parler d'un avantage vous donne en quelque sorte un droit sur cet avantage. C'est *l'avantage du premier coureur.*

Votre but est donc de définir ce qui vous distingue le plus de la compétition et d'en faire une phrase de signature que vous utiliserez **absolument partout.**

Si nous demandions à vos clients de nous dire pourquoi ils fréquentent votre entreprise, que répondraient-ils ? Sous cette réponse cache votre USP.

Par une USP, vous décrivez votre philosophie d'affaires. N'essayez pas d'être tout pour tout le monde. Par votre USP, vous lancez des signaux auprès des segments de clients que vous cherchez à attirer.

N'oubliez pas qu'en marketing, tout doit être testé ! La proposition de vente unique ne fait pas exception. Testez-la !

Les endroits pour utiliser une USP

- Vos cartes d'affaires
- Vos publicités
- Vos scripts d'appel
- Vos lettres
- Vos télécopies
- Votre site Internet
- Partout ailleurs

Des exemples de USP

- Si votre paquet doit absolument être livré demain matin (Federal Express)
- 30 minutes ou c'est gratuit (Domino's Pizza)
- Le seul salon de coiffure ouvert tous les soirs et les fins de semaine
- Un restaurant où on s'occupe de vos enfants pendant que vous profitez de votre soirée en couple
- Pour réduire vos heures de gestion d'employés à moins de 15 minutes par jour
- La plupart des centres sportifs offrent de beaux programmes à 10 000 personnes à la fois, avec de longues files d'attente de 9 h 00 à 18 h 00, des casiers toujours pleins et des stationnements trop petits. Nous nous limitons à 500 membres. Pas de files d'attente, même

aux heures de pointe, des casiers à votre disposition, une ambiance privée et un station-
nement à la porte.

• Des planchers de bois franc ayant deux fois plus de couches de vernis que la moyenne.

• Au Cinéma XYZ, vous payez toujours la moitié du prix pour le second billet.

• Chez Morency Marketing, nous créons d'heureux millionnaires! (désolé, je n'ai pas pu
résister...)

Le télémarketing

Le téléphone est devenu un outil indispensable en affaires. Toutefois, très peu de gens savent comment utiliser ce moyen de communication pour maximiser leur performance en markevente.

Dans une séquence de markevente bien bâtie, il n'est pas rare de retrouver deux, trois et même jusqu'à quatre étapes qui font appel au téléphone.

Il ne s'agit pas d'utiliser le téléphone pour faire ce qu'on appelle communément du *cold call*. Dans la majorité des cas, le télémarketing n'est pas ce qu'il y a de mieux pour «ouvrir» une relation avec un nouveau prospect.

Par contre, il est presque indispensable durant une séquence de conversion efficace. Par exemple, lorsque vous utilisez des stratégies d'annonces publicitaires ou d'envois par courrier direct, vos cibles intéressées vous téléphoneront probablement pour demander plus d'information. Un télémarketing efficace peut raccourcir les cycles de vente et réduire le nombre d'étapes requises pour conduire le prospect à l'achat.

Voyons comment...

Les 6 règles et les 7 étapes essentielles à tout appel de télémarketing

Qu'il soit « entrant » ou « sortant » un appel de télémarketing doit être bien bâti. Le résultat de l'appel dépend entièrement de votre capacité à utiliser votre voix pour faire ce fameux transfert d'émotions qu'on appelle une vente.

Mais attention ! Il faut malgré tout guider le client potentiel à travers une série d'étapes pour l'amener à *se convaincre lui-même* qu'il doit absolument agir maintenant.

Règle 1 : Utilisez le nom du client plusieurs fois

Le nom d'une personne est ce qu'elle a de plus précieux. C'est la chose qui lui est la plus familière. Elle le possède entièrement. Très tôt dans l'appel, vous voulez déjà établir cette notion de « propriété » avec votre client potentiel en utilisant son nom, une de ses plus importantes propriétés.

Les personnes qui ont du succès en affaires connaissent toute l'importance de se rappeler le nom de ses clients. Demandez à Dale Carnegie...

Règle 2 : Adoptez la bonne tonalité et les bonnes inflexions de voix

Un petit changement de ton ou d'accentuation peut changer complètement la signification d'une phrase. Imaginez l'importance de cette signification lorsque notre seule arme est notre voix !

Un exemple classique est celui utilisé par Zig Ziglar, ce maître de la vente. Observez le changement de signification **majeur** donné à la phrase selon la position de l'accent :

- **Je** n'ai pas dit qu'elle avait volé l'argent

- Je n'ai pas **dit** qu'elle avait volé l'argent

- Je n'ai pas dit **qu'elle** avait volé l'argent

- Je n'ai pas dit qu'elle avait **volé** l'argent

- Je n'ai pas dit qu'elle avait volé **l'argent**

Pour exceller au téléphone, il faut vous enregistrer régulièrement et évaluer votre ton et l'accentuation que vous faites sur certains mots.

Lorsque votre script d'appel est préparé, utilisez des codes de tonalité et d'accentuation pour vous assurer que vous et votre équipe communiquez le bon message.

Règle 3 : Sachez faire la distinction entre une condition, une excuse et une objection.

1. **La condition.** Une condition est une situation qui se déroule « hors du contrôle » de la personne qui appelle. Cette situation constitue un véritable défi.

Par exemple, une personne qui ne peut se présenter à votre établissement avant une certaine date parce que l'un de ses parents ou amis est mourant ; ou une personne mineure qui doit obtenir une signature de ses parents avant de faire un achat.

Les statistiques démontrent qu'il y a 5 % de chances que les personnes à qui vous parliez souffrent vraiment d'une « condition » hors de leur contrôle.

2. **Les excuses.** Ces chères excuses, une des plaies du XXe siècle.

Au téléphone, vous devez rapidement repérer une excuse, c'est-à-dire une façon plus ou moins polie de vous dire non sans avoir à vous donner une « vraie » raison.

Il s'agit souvent d'une mesure de protection psychologique. Notre système d'éducation sociale nous a appris qu'il est mauvais de s'ouvrir en public. Donc nous érigeons des barrières de protection ou des façades.

Si vous recevez des excuses de votre client potentiel, c'est que vous avez mal présenté votre offre ; soit que vous ayez mal défini votre segment de clients potentiels, soit que vous ayez offert une solution à un certain prix avant d'avoir vraiment écouté la personne et avant de lui avoir prouvé la valeur de ce que vous offrez.

Vos clients potentiels ont peur de se tromper. Si cette crainte n'est pas compensée et dépassée par une valeur supérieure et par une stratégie de renversement du risque, elle va immanquablement prendre le dessus.

C'est à vous de renverser l'équation en montrant que le « plaisir offert par la solution est largement supérieur à la douleur de ne pas agir ».

Voici quelques bonnes questions pour détourner une excuse :

« Outre cette question, y a-t-il autre chose qui vous embête ?

« Je sais ce que vous ressentez, vous ne voulez pas vous tromper et je vous comprends. Mais si vous ne faites rien de différent, allez-vous vraiment trouver la réponse à vos besoins ? »

3. **L'objection.** *Lorsque votre client potentiel montre une objection, soyez heureux !* Cela signifie qu'il est vraiment intéressé. Indirectement, il vous dit qu'il est prêt à faire affaire avec vous si vous réglez ce petit problème ou ce petit agacement.

Surtout, n'abordez pas de front l'objection, car vous êtes tout près du but. Lisez la prochaine règle et rappelez-vous qu'un prospect sans objection n'est pas vraiment intéressé. Changez de prospect, car vous perdez votre temps.

Règle 4 : Des affirmations de « contentement » pour contrôler la résistance.

Une des principales règles de l'univers du markevente est qu'il ne faut jamais offrir de résistance, jamais affronter un client.

Lorsqu'un client potentiel partage quelque chose avec vous, il croit vraiment à ce qu'il dit. Vous ne gagnerez jamais à affronter un client, aussi faux soit son point de vue à vos yeux.

Des affirmations de « contentement » ou « *glad statements* », comme les appelle l'expert de marketing direct Kevin Trudeau, permettent entre autres de déséquilibrer votre client potentiel qui s'était préparé à la guerre.

Un client potentiel se prépare toujours à « livrer bataille » lorsqu'il vous appelle pour de l'information ou pour un achat. Il devient tout à fait pris au dépourvu lorsqu'il réalise que vous ne lui tiendrez jamais tête.

En prenant de front une objection, vous donnez de l'importance à votre client, vous lui donnez de la force. Faites comme le judoka, allez-y avec l'élan.

Lorsque vous avez identifié une objection, par opposition à une excuse, utilisez des phrases comme celles-ci :

- Je suis content que vous ayez dit cela...
- C'est une excellente question...
- Vous faites une très bonne observation...
- Cela peut vous surprendre, mais je suis tout à fait d'accord avec vous...

Par la suite, vous enchaînez avec des phrases comme suit :

- Je comprends très bien votre point de vue. Plusieurs personnes à qui nous avons parlé pensaient exactement de cette façon. Mais laissez-moi vous dire ce qu'elles ont trouvé...

Au besoin, vous offrez des témoignages et même des occasions de parler avec des clients actuels – selon la valeur de ce qui est vendu.

Rappelez-vous : en luttant contre une objection, vous lui donnez plus de puissance. Relisez la fable du chêne et du roseau !

Règle 5 : Présumez que votre client potentiel est déjà propriétaire de ce que vous offrez.

Un client potentiel aime se sentir propriétaire. Respectez son statut de propriétaire dès le début du contact. Sa réaction sera meilleure.

Parlez-lui de « sa prochaine voiture », de « son prochain programme d'entraînement », etc.

Lorsque vous ouvrirez **votre** livre *La puissance du marketing révolutionnaire*, vous remarquerez immédiatement après le premier chapitre comment vous améliorerez votre...

Règle 6 : Préparez toujours un script d'appel

Un script vous donne de la confiance. Il vous permet de faire des ajustements particuliers selon les résultats. Il vous libère du souci de penser à ce que vous devez dire pour vous concentrer sur **l'écoute** des problèmes du prospect et sur la façon dont vous devez répondre à ce problème.

Mieux encore, un script bien bâti inclut les accentuations, les pauses et les questions.

Le point le plus important demeure cependant qu'il vous permet de **cloner** la formule gagnante pour une duplication efficace des efforts.

Les 7 étapes de tout bon appel de télémarketing

Étape 1 : Posez des questions

En markevente révolutionnaire, le prospect parle et le vendeur écoute. Au téléphone, votre écoute doit être extraordinaire.

Quel est le vrai problème du client? Que cherche-t-il à résoudre particulièrement? Posez des tas de questions.

Il y a trois types de questions à utiliser au cours de l'appel :

1. **Des questions de recherche.** Les questions que vous lancez à la première étape vous permettent de comprendre la situation du prospect puis d'amorcer une relation. Les questions doivent être des **questions ouvertes**, c'est-à-dire des questions qui exigent une réponse à développement et non pas un simple oui ou non.

2. **Des questions de validation.** Posez ces questions un peu plus tard durant l'appel afin de faire comprendre au client potentiel la valeur de ce que vous offrez. **Ces questions doivent être fermées**, obtenir un oui ou un non comme réponse. Par exemple, dites ceci : « Vous avez mentionné que votre entreprise souffre d'un trop grand nombre d'accidents de travail. Si vous aviez votre nouveau système de surveillance vidéo, aimeriez-vous l'utiliser aussi à des fins de formation pour vos employés ? »

3. **Des questions de décision.** Ces questions sont bâties pour amener le client potentiel à prendre une décision « sans décider ». Vous lui retirez systématiquement le poids de la décision d'acheter ou non en **prenant sur vous la responsabilité de l'achat et en invitant le client à pren-**

dre une décision sur un autre point. Par exemple, dites ceci : « Vous aimeriez vous inscrire aujourd'hui ? Vous pouvez utiliser Visa, MasterCard ou payer par chèque. Que préféreriez-vous utiliser aujourd'hui ? »

À la première étape, vous utilisez des questions ouvertes de recherche.

Étape 2 : Ajustez votre appel aux réponses du prospect

 Au fur et à mesure que votre prospect répond à vos questions, vous retournez au client les messages qu'il vous a envoyés par une forme de technique d'écho. Cette approche permet de rassurer le client et d'intensifier son intérêt par la croyance que votre solution est **spécifiquement** conçue pour lui.

Étape 3 : Présentez les bénéfices

Soyez précis par rapport aux attentes de votre prospect. Présentez **seulement** les bénéfices qui seraient acquis par votre décideur. Trop souvent, les personnes au télémarketing ne font pas de discrimination dans leurs présentations et **en disent trop**. Elles entraînent leurs prospects sur de nouveaux sentiers qui jusque-là n'avaient pas été considérés et, ainsi, retardent, ou échappent carrément, la vente.

Procédez en deux étapes :

- Présentez les bénéfices

- Expliquez pourquoi ces bénéfices sont réels

Par exemple, dites ceci : « Selon ce que vous venez de partager avec moi, je crois que vous et votre équipe de gestionnaires pourrez vraiment apprécier notre système de surveillance par caméra. Vos employés se sentiront plus en sécurité et vous pourrez gagner du temps de surveillance. Et comme vous me le disiez plus tôt, vous n'aurez pas besoin de bâtir un nouveau programme de formation en sécurité puisque vous pourrez utiliser les cas tournés par vos caméras. »

Étape 4 : Multipliez les coûts et divisez le prix

Après avoir utilisé les questions de validité pour augmenter la valeur du bénéfice perçu, vous devez maintenant devenir « économiquement précis. »

La clé consiste à augmenter le coût de la situation actuelle en la globalisant et à réduire le prix de l'achat par tranches dans le temps.

Par exemple, proposez ceci : « Soyons précis. Qu'est-ce que tout ça veut dire pour votre rentabilité ? Parce que si je vous ai bien compris, vous voulez un système fiable et à l'avant-garde, mais vous voulez d'abord et avant tout une solution rentable, n'est-ce pas ? – OUI » (question de validité).

« Bien. Vous m'avez dit que vous dépensiez chaque mois plus de 10 000 $ en frais de toutes sortes liés aux accidents de travail. Une somme de 10 000 $ par mois, sur 12 mois, depuis 4 ans, cela fait 480 000 $ en coûts gaspillés, c'est exact ?

« Votre système de surveillance vous revient à aussi peu que 144 $ par semaine pour la même période. Une économie d'environ 2 165 $ par semaine. »

Dans cet exemple, le prix du système vidéo est de 30 000 $. Sur 4 ans, ce système revient à approximativement 144 $ par semaine tandis que les coûts évités sont de 480 000 $ qui, sur la même période, tournent autour de 2 310 $.

Un montant de 30 000 $ présenté d'un coup au début de l'appel aurait certainement été perçu comme « trop cher ». Mais une fois la multiplication des coûts et la division du prix effectué, le prix devient un investissement intelligent sur le plan de la rentabilité.

Étape 5 : Faites témoigner une tierce partie

Avant d'amener le prospect vers la décision finale, il est important de le rassurer sur le fait qu'il n'est pas le seul dans sa situation. Personne n'aime sentir qu'il sert de cobaye ou qu'il prend à lui seul tous les risques.

En démontrant que d'autres ont pris la même décision et ont suivi le même raisonnement que lui, vous réduisez considérablement la pression de la décision à venir.

Étape 6 : Demandez la commande !

Après tout ce travail, vous n'allez tout de même pas laisser votre prospect partir sans lui demander sa commande ? Et pourtant c'est ce que font la plupart des vendeurs.

Mais attention ! Vous vous approchez du point culminant de l'appel : ne mettez pas toute la tension sur les épaules du prospect qui se prépare déjà depuis 10 ou 15 minutes à se débarrasser du poids écrasant que constitue la prise de décision.

Écoutez bien ceci : Décidez pour votre prospect ! Utilisez les questions du troisième type et faites en sorte que la décision du client ne porte pas sur « commander ou non » mais sur un autre choix.

Pourquoi donner un autre choix ? Parce que tout prospect doit sentir qu'il a **lui-même** pris la décision et qu'il n'a pas été manipulé à l'achat.

Étape 7 : Faites de la vente amplifiée (*upsell*)

Lorsqu'un prospect prend la décision d'acheter votre solution, il vous communique clairement qu'il recherche le bénéfice que vous lui avez proposé. À partir des réponses que vous avez obtenues au début de l'appel, vous pouvez maintenant lui offrir une solution plus complète pouvant assurer que ce bénéfice sera reçu plus complètement, plus rapidement ou d'une meilleure manière si le prospect prend cette option améliorée.

 Offrez toujours une vente amplifiée. Même si vous êtes heureux d'avoir « conclu » une vente, n'arrêtez pas là. Faites la vente après la vente !

L'incontournable Internet

Devriez-vous ou non utiliser Internet pour votre entreprise ?

Quelles sont les options d'utilisation ?

Quels sont les pièges à éviter ?

Y a-t-il des règles à suivre pour maximiser le retour?

Voici des exemples de bons et de moins bons coups...

Tableau 1 – Historique

Dans les années 1960, le ministère de la Défense des États-Unis voulait créer un réseau informatique qui continuerait de fonctionner en cas de guerre nucléaire. Si une partie du réseau était endommagée ou détruite, le reste du système continuerait de faire son travail. Ce fut la naissance d'Internet.

Le problème était de trouver un moyen de contrôler le réseau. Pas moyen de le loger dans un bâtiment central, une cible trop facile à détruire. La solution fut celle-ci: transmettre les messages sous la forme de petits paquets, chacun adressé séparément. Donc, pas de bâtiment, juste des millions de petits paquets d'information expédiés à travers l'espace, partout dans le monde.

Lorsque viendrait le temps de récupérer ces messages, ils pourraient être facilement captés par ceux qui avaient les moyens de les recevoir. Pas de problème d'acheminement de message. En cas d'attaque nucléaire, les «paquets» continueraient de flotter dans l'espace intact.

À la deuxième année de l'expérience, des milliers de gens utilisaient le système pour transmettre des messages et des potins personnels. Pas étonnant, ils avaient trouvé un moyen d'échanger avec des amis lointains rapidement et gratuitement.

Alors, les scientifiques sont entrés dans le portrait. La liste de messagerie est ensuite née. Le public avait soudainement trouvé un moyen de communication sans frais et sans compagnie.

Tableau 2 – Faits divers

Durant le premier semestre de 1999, quelque 693 millions de dollars ont été dépensés en publicités «en ligne». Il y a maintenant jusqu'à trois mois d'attente pour certaines bannières bien placées.

On rapporte que 44 % des compagnies s'attendent à implanter la vente par Internet d'ici deux ans.

On estime que les revenus du commerce électronique seront de 43 trillions de dollars en 2003.

Le Web en tant que médium d'information a déclassé la presse de Gutenberg, le sans-fil de Marconi et le téléphone de Bell, tous réunis.

Seulement 1 % des sites Internet sont rentables et mènent à la vente directement !

Le temps d'attention des internautes est de 14 secondes.

Un bon taux de succès est de 8 % pour ce que le Dr Ken Evoy appelle le MWR ou *Most wanted response* ou l'action ciblée du visiteur.

Tableau 3 – Les solutions les plus vendues sur le Web

Même si à peu près tout est commercialisable grâce à Internet, certaines solutions et certaines aventures sont clairement plus faciles à vendre. Voici les quatre domaines les plus populaires actuellement :

- Les logiciels et les jeux vidéo
- La pornographie
- L'information et la connaissance
- Les solutions « uniques » et « haut de gamme » avec un ratio coût de livraison / prix très bas.

Tableau 4 – Un tableau d'applications, d'outils et d'exemples sur le Web

Internet peut être utilisé à différentes fins. Le tableau suivant résume les différentes applications, les outils utilisables et quelques exemples. Mais rappelez-vous la séquence du succès : une offre irrésistible, un bon contenu, un bon contenant et une bonne circulation.

APPLICATIONS	OUTILS
Le markevente ou la vente	Votre site Produire de la circulation Bannière publicitaire
Le test	Courrier électronique
Les partenaires	Programmes d'affiliation (*affiliate programs*)
Les revenus parallèles	Programmes d'affiliation (*affiliate programs*)
L'éducation	Magazines en ligne (*e-zines*)
Recherche d'information	Moteurs de recherche «groupes de discussion» (*newsgroups*) et «clavardage» (*Chat rooms*)
Le chouchoutage	Site à accès réservé Paniers-cadeaux
La gestion	Applications

Tableau 5 – Le top 10 des erreurs sur le Web

Voici 10 des plus importantes fautes à éviter avec Internet :

Erreur nᵒ 10   Ne pas réserver rapidement son nom de domaine

Erreur nᵒ 9   Faire du pollupostage (*spam*) – c'est-à-dire des envois non sollicités de courriels

Erreur nᵒ 8   Faire un beau site corporatif qui commence par «Bienvenue sur le site de...» dans votre page d'accueil

Erreur nᵒ 7   Utiliser des branchements multiples dans la page d'accueil et utiliser l'approche «catalogue»

Erreur nᵒ 6   Utiliser Internet de façon statique en ne changeant pas régulièrement votre «contenu» et votre «contenant»

Erreur n° 5   Ne pas faire d'offre et ne pas saisir les courriels
des visiteurs sur votre site

Erreur n° 4   Chercher à produire de la circulation pour un site mal
conçu

Erreur n° 3   Ne pas étudier les balises Méta (*Meta Tags*) et Codes
source de ceux qui se font trouver en tête de liste par les
moteurs de recherche

Erreur n° 2   Ne pas publier de magazine en ligne (*e-zine*), c'est-à-dire
un magazine ou une lettre (*newsletter*) par Internet

Erreur n° 1   **Ne pas commencer dès aujourd'hui à vendre
par Internet**

Beaucoup d'erreurs sont actuellement commises sur Internet. Ce n'est pas
parce que les coûts de développement ou de modifications d'un site sont plus
bas que ceux d'un outil publicitaire traditionnel qu'il ne faut pas appliquer les
règles d'une bonne mise en marché.

Quelles règles ? Ne me dites pas qu'après 16 chapitres de lecture, vous vous
posez encore cette question !

17

La recette d'une pub révolutionnaire

La recette d'une
pub révolutionnaire

Si vous souhaitez gagner des concours, je vous suggère de faire
de l'athlétisme. Si vous voulez faire des sous, concentrez votre
énergie sur le message et sur les ingrédients d'une bonne publicité.

CE CHAPITRE vous présente une démarche rigoureuse en ce qui concerne la préparation du *contenu* de vos outils publicitaires. L'accent est mis sur le *message* et non pas sur l'*image*.

Tout bon outil publicitaire a pour principal objectif *la vente d'une solution*. Votre objectif n'est pas de faire rire, de divertir, de démontrer votre habileté, mais de vendre.

■■■■ Pour vendre, vous devez mettre l'accent sur le message.

La démarche suivante vous guide à travers les étapes de la préparation d'un bon outil publicitaire.

La création d'une bonne publicité se déroule durant plusieurs semaines.

Elle se mijote progressivement, faisant intervenir l'inspiration qu'apportent le sommeil et le subconscient.

Une bonne pub ne se prépare jamais en cinq minutes sur le coin d'un bureau, entre deux réunions de comptabilité !

La démarche en 5 points pour une bonne publicité

1. Choisissez le segment de clients que vous visez par cette publicité.
2. Déterminez le problème que vous cherchez à résoudre.
3. Choisissez l'outil.
4. Rédigez le contenu de la publicité et le message que vous voulez transmettre en répondant aux quatre questions que se pose tout client.
5. Mesurez vos résultats et testez des variantes.

Quel segment de clients visez-vous ?

Avant de penser à la publicité, **vous devez choisir à qui s'adresse votre publicité.**

Vous ne pouvez pas vous adresser à tout le monde. Répétons-le : une des règles omniprésentes du marketing révolutionnaire consiste à concentrer ses efforts et ses messages sur des *segments de clients précis pour n'attirer que des prospects qui ont d'excellentes chances de devenir clients.*

Si vous avez correctement suivi les étapes de la préparation de votre pyramide stratégique, vous avez déjà décomposé votre marché et vos objectifs en segments de clients.

Ne vous lancez pas dans la préparation d'outils publicitaires (encore moins dans des rencontres avec des maisons de communication) sans avoir au préalable déterminé à qui vous adresserez chaque outil dont vous vous servirez.

Quel est le problème à résoudre ?

La démarche se poursuit par la détermination des principaux problèmes des clients du segment choisi.

Pourquoi parler de problèmes ?

Parce que vos clients réagiront à vos publicités seulement si vous attirez leur attention !

 La meilleure façon d'attirer l'attention de vos clients est de leur faire revivre une situation désagréable qu'ils vivent actuellement.

L'approche de la pyramide stratégique vous a aussi permis de faire la liste des problèmes de chaque segment de clients.

Exercez-vous en trouvant la liste des cinq principaux problèmes des clients d'un segment particulier de votre entreprise.

Choisissez l'outil

Avant de plonger dans le contenu, vous devez choisir l'outil promotionnel qui vous servira à transmettre le message.

Quelle route utiliser ? Un envoi par courrier, une publicité dans les médias, une télécopie, une carte postale, un vidéo, un appel de télémarketing ?

Votre choix dépend des préférences des clients du segment visé. Cette étape est fondamentale parce que *la route de marketing fait partie de ce qui est consommé par votre client*.

Si vous faites un mauvais choix quant à la route, même si votre message est bien conçu, vous n'aurez pas les résultats escomptés.

Interrogez-vous d'abord sur les meilleures routes à prendre pour atteindre les clients choisis.

Ensuite, choisissez la position. Par exemple, si vous avez choisi une publicité dans un journal, vous devez choisir la date, la page, l'emplacement et la dimension de votre publicité. Autrement dit, vous faites **le choix du véhicule**.

Lorsque la route et le véhicule sont choisis, vous pouvez passer au **contenu**. Commencez par le contenu et non par l'image. Une fois que vous aurez préparé votre contenu, vous pourrez « enrober » votre message par une bonne (j'ai bien dit bonne et non pas belle) image.

L'image, le son, les photos, la musique sont là pour renforcer votre message et non pour aspirer l'attention hors du message.

L'enrobage doit appuyer le message. Si vous cachez le texte ou fermez le son, l'image doit communiquer le message en illustrant l'avantage, et particulièrement l'avantage unique.

Le contenu doit porter sur le client et non sur vous.

Le contenu et le message : les 4 exigences et les 10 ingrédients

Tout prospect qui désire acheter une solution passe par une réflexion en quatre étapes et vous impose consciemment ou inconsciemment quatre exigences :

«Va donc, toi!» (*Get outta here!*)

«Va droit au but!» (*Get to the point!*)

«Va me chercher des preuves» (*Get me some proofs!*)

«Va vite me chercher un téléphone, sinon...» (*Get me off the couch!*)

Première exigence : Va donc, toi! (Get outta here!)

Cette étape consiste à attirer l'attention. Autrement dit, vous faites la publicité pour votre publicité. Vous devez donner une raison à vos prospects de lire, de regarder ou d'écouter votre publicité.

La publicité *en soi* doit apporter quelque chose à vos clients. Rappelez-vous que personne ne répondra à vos publicités si personne ne la lit, ne la regarde ou ne l'écoute !

PREMIER INGRÉDIENT : L'EN-TÊTE (*HEADLINE*)

L'en-tête permet d'attirer l'attention de vos cibles.

L'en-tête est l'élément le plus important de votre publicité. Répétons-le : vous y faites la publicité pour votre publicité.

L'en-tête doit mettre l'accent sur le problème principal de vos clients, sur l'éducation du client ou sur une nouvelle qui peut ajouter de l'information à la réflexion du prospect.

Les meilleurs en-têtes d'une publicité piquent la curiosité en présentant un problème, une offre d'éducation (dans la publicité) ou une nouvelle.

Vous disposez de très peu de temps pour attirer l'attention de vos cibles. Le seul fait d'ajouter une amorce à vos outils publicitaires peut instantanément augmenter leur performance.

Exemples d'en-tête

- Comment réduire vos coûts de gestion de 42 % en 20 heures ?

- Comment se faire des amis et influencer les autres ?

- Les 10 meilleurs trucs pour réussir en immobilier – vous pourriez être surpris !

- 10 nouvelles idées d'entreprises révolutionnaires

- Comment ma conjointe et moi avons réussi à prendre notre retraite en moins de deux ans

- Réfléchissez et devenez riche !

- 23 raisons pour lesquelles vous auriez dû lire notre annonce l'année dernière

- Un médecin découvre le secret pour augmenter la mémoire

- Comment faire croître vos investissements même en pleine récession

- Réduisez vos coûts d'électricité de 10 %

- Arrêtez ! Au moment où la plupart des personnes pensent à la retraite, j'ai découvert une nouvelle carrière

- Ne lisez ceci que si vous voulez quitter votre emploi, un jour…

- Les trois règles pour posséder la pelouse la plus verte de votre quartier

- Réduisez votre poids en dormant

- Comment tirer 12 heures d'une journée de 8 heures

DEUXIÈME INGRÉDIENT : LA LISTE DES AUTRES PROBLÈMES

L'entrée en matière vous a permis d'attirer l'attention en utilisant le problème le plus important. Vous pouvez ensuite vous servir du premier paragraphe ou de la première partie de la publicité pour renforcer la curiosité du prospect en soulevant d'autres problèmes.

Vous devez faire vivre une situation désagréable dans l'esprit de votre prospect, en utilisant des mots qui suscitent en lui des couleurs, des sensations et des images. Mieux vous réussirez à faire cela, plus il se reconnaîtra dans la situation et vous prêtera son attention.

Vous utilisez ce deuxième ingrédient pour vous assurer que vous avez la pleine attention de votre client.

Deuxième exigence : Va droit au but ! (Get to the point)

Vous avez son attention, parfait. Mais il ne vous donne pas beaucoup de temps pour nourrir son intérêt. À ce stade-ci, votre travail consiste à donner l'information nécessaire à votre client pour qu'il comprenne ce que vous offrez et pourquoi ce que vous offrez a de bonnes chances d'être bon et utile.

En un mot, vous devez présenter votre solution et son caractère unique.

TROISIÈME INGRÉDIENT : VOTRE PROPOSITION UNIQUE

Vous devez présenter rapidement ce que vous proposez et comment cette proposition se distingue des solutions habituelles.

Attention ! Parlez des bénéfices de votre produit et non de ses caractéristiques. Vos clients achètent des résultats et non des éléments techniques.

Expliquez-leur les gains qu'ils réaliseront, comment ils se sentiront, faites-leur vivre la vie qu'ils mèneront lorsqu'ils auront utilisé votre solution.

Concentrez vos arguments sur le « quoi » et non sur le « comment».

QUATRIÈME INGRÉDIENT : DES DÉTAILS... MAIS PAS TROP

Vous devez justifier le secret derrière votre secret, mais sans plus. Il s'agit de donner quelques explications vulgarisées sur le principe qui se tient derrière votre solution.

Vos clients ne sont pas naïfs et ils ont besoin de comprendre le principe de la solution. On parle du principe, pas du cours universitaire en entier.

Troisième exigence : Va me chercher des preuves ! (Get me some proofs !)

Vous avez attiré mon attention et je comprends le caractère unique ou spécial de votre solution. Mais je ne sais pas si je dois vous croire.

« Y a-t-il une attrape ? »

C'est la question que se pose tout prospect, particulièrement à une époque de surconsommation et de méga-information.

Vous avez besoin de crédibilité. La troisième section de vos outils publicitaires doit bâtir la confiance.

Pour ce faire, vous devez utiliser l'un ou l'autre ou les deux prochains ingrédients.

Cinquième ingrédient : Votre petite histoire

En me présentant votre solution unique, vous avez aussi semé un doute dans mon esprit : comment se fait-il que **vous** ayez réussi à mettre au point cette solution. Pourquoi vous et pas tout le monde ? D'où vous vient cet éclair de génie ? Comment se fait-il que vous soyez capable de m'offrir votre solution à meilleur prix que les autres ?

J'ai des doutes...

Vous devez me raconter brièvement comment vous est venue l'idée de votre solution et comment vous êtes parvenu à la mener à bon port.

Laissez-moi jeter un coup d'œil dans votre histoire « privée ». Aidez-moi à vous démystifier.

Sixième ingrédient : Des témoignages

Que vous le vouliez ou non, rien n'est aussi puissant que des témoignages pour donner de la crédibilité à vos solutions.

Tout le monde a besoin de se faire rassurer. Nous avons tous besoin de preuves. Nous voulons parler à des gens ou des entreprises comme nous pour connaître les résultats qu'ils ont obtenus.

Demandez-vous des lettres de références avant d'embaucher quelqu'un ? Lisez-vous l'endos des livres pour lire les témoignages ? Aimez-vous avoir l'opinion d'experts indépendants avant d'acheter quoi que ce soit ? **Bien sûr !** Pour vos clients, c'est la même chose.

Vous ne pouvez pas vous donner à vous-même la crédibilité. Il vous faut des témoignages de tierces parties.

Les meilleurs témoignages sont précis et mesurables. Ce ne sont pas une série de superlatifs vides. Ils doivent aussi provenir de clients du même type que les clients visés.

Vous devez orchestrer dans votre entreprise des mécanismes pour accumuler régulièrement des témoignages.

Une bonne méthode pour cueillir des témoignages consiste à demander aux personnes interrogées la permission de les citer. Vous pouvez aussi préparer pour vos clients des lettres de témoignage puis leur demander s'ils sont prêts à les signer.

Vos clients satisfaits se feront un plaisir de vous donner un témoignage, d'autant plus *si cela ne leur demande pas de temps*.

Quatrième exigence : Va me chercher un téléphone, sinon... (Get me off the couch)

Vous avez mon attention, je comprends votre solution, je vous crois... mais j'ai envie de remettre ça à plus tard.

C'est aussi le propre des êtres humains que d'avoir peur de la décision. De préférer « y penser » plutôt que de risquer de se tromper. La peur est plus puissante que bien des arguments rationnels.

Vous devez maintenant m'amener à agir. Qu'est-ce que vous attendez de moi? Dois-je vous appeler, dois-je vous visiter, dois-je commander?

Quels sont vos délais de livraison, qui s'occupe de quoi, quels sont les termes de paiement? Et la garantie? Si je n'aime pas, qu'est-ce que je fais? C'est le moment de me faire une offre et de m'expliquer la marche à suivre.

Si vous voulez que vos clients agissent rapidement, vous devez leur donner une raison de le faire puis les prendre par la main en éliminant les inconnus.

Plus vous me donnerez de détails sur ce qui va se passer si j'achète maintenant, plus j'ai de chances de bouger. Mais tant que j'aurai des questions sans réponses, j'attendrai.

Ces questions sont peut-être inconscientes. À vous de les faire sortir.

Septième ingrédient : Votre offre

Dites-moi ce que vous m'offrez. Précisément.

«Cher prospect, nous vous offrons ce magnifique ensemble de mobilier de salon à 1 299,99 $, livré chez vous en moins de 48 heures.

Nous reprenons même, si vous le désirez, vos anciens meubles sans aucuns frais.

Vous avez aussi l'occasion de payer en quatre versements égaux de 325 $, chaque trois mois au cours de la prochaine année. Chaque versement sera prélevé sur votre carte de crédit. De cette façon, vous ne courrez pas le risque de payer des intérêts sur des paiements en retard.

De plus, si vous achetez d'ici deux jours, nous vous offrons un cadeau d'une valeur de 200 $ applicable dans notre magasin...»

HUITIÈME INGRÉDIENT : VOTRE GARANTIE

Maintenant, expliquez-moi comment vous me protégez :

« Si vous n'êtes pas totalement satisfait de votre nouveau mobilier, s'il n'améliore pas grandement votre appréciation de votre salon, s'il n'est pas aussi durable et confortable que vous l'auriez voulu, passez-nous un coup de fil et nous irons nous-mêmes le reprendre contre un plein remboursement. Vous pourrez même conserver votre bon d'achat cadeau de 200 $. »

NEUVIÈME INGRÉDIENT : LA DÉMARCHE

Pour finir, prenez-moi par la main. Dites-moi exactement ce que je dois faire pour acheter votre solution.

« Tout ce que vous avez à faire, c'est de passer nous voir à notre magasin du 1010 rue du Meuble à Montréal, et nous nous ferons un plaisir de vous présenter votre mobilier de rêve.

Une fois votre mobilier choisi, nous passerons au maximum huit minutes pour régler votre paiement et vous pourrez choisir entre un seul paiement ou notre programme avantageux en quatre versements.

Par la suite, nous fixerons rendez-vous pour vous livrer votre mobilier dans les 48 heures et nous vous débarrasserons, si vous le désirez, de vos anciens meubles.

Finalement, nous vous remettrons un certificat cadeau d'une valeur de 200 $ valide pour 12 mois. »

Ne négligez pas l'offre, la garantie et la démarche. À quoi bon faire de la promotion si vous n'amenez pas vos prospects à faire un geste concret immédiatement ?

Il ne reste qu'un dernier ingrédient, un merveilleux petit secret. Le P.-S.

DIXIÈME INGRÉDIENT : LE P.-S. (POST-SCRIPTUM)

Lorsque vous recevez une lettre, que lisez-vous ?

D'abord, vous lisez l'amorce. Même si vous ne lisez pas la lettre en entier, **vous lisez toujours de qui vient la lettre et vous lisez toujours le P.-S.**

Le P.-S. est comme votre amorce. C'est une deuxième chance de créer de l'urgence dans votre offre. De mettre « un peu de pression ».

C'est par le P.-S. que vous passez des messages comme celui-ci :

« C'est la dernière semaine de cette promotion, faites vite et appelez dès maintenant. »

Dans un P.-S. vous reprenez votre amorce et vous la combinez avec une raison d'agir tout de suite.

« P.-S. Si vous voulez absolument redonner de la vie à votre salon, si vous voulez mettre un peu de changement dans votre foyer, profitez dès aujourd'hui de notre offre sur nos nouveaux mobiliers joie de vivre. Hâtez-vous, notre offre de certificat cadeau de 200 $ prend fin ce vendredi. »

Mesurez et testez

Il s'agit de la dernière étape de la démarche à faire pour la préparation d'outils publicitaires qui rapportent gros.

Cette étape est essentielle.

En marketing révolutionnaire, chaque dollar dépensé doit rapporter. Pour savoir si vos dollars rapportent, il faut mesurer.

Vous ne pouvez plus lancer des publicités sans mesurer leurs taux de succès. Vous voulez savoir exactement le nombre de réponses et le nombre de ventes qui provient de chaque publicité pour savoir si cela rapporte ou non.

Tout se mesure, à condition que vous utilisiez du marketing à réponse directe.

Vous devrez aussi tester.

Vous ne réussirez probablement pas du premier coup à créer des publicités parfaites. En fait, vous n'atteindrez jamais la publicité parfaite. Vous aurez toujours quelque chose à améliorer.

> C'est pourquoi vous devez tester. TOUT !

18

Une équipe
de vente bien bâtie

Une équipe
de vente bien bâtie

*La définition classique de la « vente » fait désormais place
à la gestion des séquences de conversion. Selon chacune
des sept étapes de la conversion, différents styles de
« vendeurs » doivent être utilisés.*

L'ÉQUIPE de vente est aussi essentielle que l'huile pour une voiture et aussi mal utilisée que le manuel d'entretien de cette dernière...

Comme une mauvaise huile peut brûler un moteur, une équipe mal conçue peut bloquer, voire détruire, vos efforts de mise en marché.

L'équipe de vente peut servir aux stades de la prospection, de la conversion, de la livraison et de l'ancrage. Cependant, le rôle prédominant de cette équipe se situe à l'étape de la conversion.

Vos représentants devront, dans la plupart des cas, assurer le bon déroulement de votre processus de conversion en six ou sept étapes.

Vos représentants devront maîtriser vos arguments de vente et véhiculer votre proposition de vente unique.

Vos représentants peuvent faire de votre démarche un succès ou un échec près du fil d'arrivée.

Vous ne pourrez jamais trop investir pour bâtir la meilleure équipe de représentants, pour la former et pour l'entretenir. Mais qui dit meilleure ne dit pas plus grande !

Les 5 éléments d'une équipe de vente performante

1. Atteindre un équilibre entre les trois types de vendeurs et créer une culture d'équipe.
2. Gérer efficacement l'équipe en fonction des trois types d'attitudes des vendeurs.
3. Construire un puissant plan de rémunération qui soutient vos objectifs.
4. Assurer la présence d'un bon coach.
5. Investir et développer un programme de formation continue.

Les 3 types de vendeurs

Équilibre, équilibre, équilibre : en vente, comme partout ailleurs, on trouve différents styles et différentes personnalités.

Les équipes de vente les plus performantes n'essaient pas de demander à chaque vendeur de jouer **tous** les rôles mais de **bien jouer le sien** à l'intérieur d'une équipe bien bâtie.

Dans cette équipe, il faut au moins trois joueurs :

1. Les catalyseurs

Les catalyseurs sont les personnes qui adorent se *faire aimer*. Leur but dans la vie, c'est d'amorcer une relation avec quelqu'un pour le simple plaisir d'établir un contact.

La grande force des catalyseurs est celle-ci : ils sont imbattables pour ouvrir des portes. Ils n'ont aucun problème à tenir une conversation sur n'importe quel sujet avec qui que ce soit.

Ils ne se soucient pas non plus de savoir si un prospect rejettera leur solution. Ce qui compte à leurs yeux, c'est que les personnes à qui ils s'adressent aiment leur compagnie.

Leur faiblesse est celle-ci : ils ont de la difficulté à faire progresser une relation de vente après l'avoir amorcée.

Dans une soirée, on les reconnaît facilement ; au bout de quelques minutes, ils connaissent tout le monde par leur prénom et ils ont en poche les cartes professionnelles de chacun.

2. Les tricoteurs

Les tricoteurs ont une passion pour les questions et les détails. Ils savent tout, mais absolument tout, sur vos solutions.

Ils deviennent souvent d'excellents spécialistes et experts techniques. Leur force est incontestablement la connaissance détaillée des solutions.

Leur ambition dans la vie est de *se faire respecter*. Ils adorent le respect, qu'ils cherchent à gagner en démontrant une connaissance à toute épreuve.

Leur faiblesse est qu'ils ont une grande peur de se faire dire non. C'est pourquoi ils n'offrent jamais une vente. Ils préfèrent de beaucoup répondre à d'autres questions. On les reconnaît justement par leur enthousiasme à répondre aux questions.

3. Les marqueurs

Les marqueurs sont les plus entêtés du lot. Ils veulent *marquer un point*. Ils adorent amener un client à dire oui.

Leur force est la persévérance et un talent de communication remarquable.

Cependant, leur acharnement les conduit parfois à devenir «harassants», pour ne pas dire carrément intolérables. Ce sont souvent les vendeurs de qui on dit : «Il pourrait vendre des frigidaires aux Esquimaux.» (Les meilleurs peuvent vendre des condoms à un eunuque... à condition que l'eunuque ait d'abord rencontré un catalyseur et qu'il ait été rassuré par un tricoteur!)

Un monde idéal nous offrirait un équilibre démographique naturel entre les catalyseurs, les tricoteurs et les marqueurs. Ce n'est pas le cas. Selon l'expert de USP de vente et de négociation, Bernard Hale Zick, la répartition dans la société est habituellement :

- 20 % de catalyseurs
- 70 % de tricoteurs
- 10 % de marqueurs

Cela signifie que votre équipe a de fortes probabilités d'être déséquilibrée.

Idéalement, vous devriez orchestrer vos efforts de vente non seulement par territoire mais aussi par équipe. La combinaison idéale est formée ainsi : un nombre égal de membres appartenant à chacun des trois types.

Le catalyseur amorce la relation, puis la transfère au marqueur, celui-ci faisant appel au tricoteur pour répondre aux questions les plus coriaces.

Il n'est donc pas nécessaire pour tous vos vendeurs de très bien connaître vos solutions et aventures.

 Souvent, les meilleurs « vendeurs » sont ceux qui connaissent LE MOINS « les produits et services » qu'ils vendent !

Vous devez porter votre attention sur le choix des rôles que vous demandez à chaque type de vendeur.

L'exemple du télémarketing

Au téléphone, les vendeurs doivent souvent parler avec des étrangers et se font régulièrement dire non.

Si vous placez un tricoteur au télémarketing, vous allez le ramasser à la petite cuillère après quelques jours parce qu'il se sera fait dire non à plusieurs reprises. Or, il déteste se faire dire non parce qu'il se sent rejeté. Il ne se sent pas respecté.

Si vous placez un marqueur au télémarketing et que vous lui donnez 100 personnes à joindre, au bout d'une semaine, il n'aura communiqué qu'avec 2 personnes, mais il les aura appelées 50 fois jusqu'à ce qu'elles achètent ou qu'elles lui crient des injures.

Le type de vendeur idéal pour cette fonction est le catalyseur. Il excelle à commencer une conversation et n'a aucun problème avec les prospects qui lui disent non.

Les 3 attitudes des vendeurs

Les vendeurs se classifient également par leurs attitudes. On trouve les vendeurs qui se comportent en leaders, ceux qui sont influençables et ceux qui sont négatifs.

1. Les leaders

Les leaders conservent constamment un esprit positif. Ce sont les 20 % de votre équipe qui contribuent à 80 % de vos revenus.

Ces chefs sont vos atouts les plus précieux. Ils sont parfois en désaccord avec vos décisions, mais ils offrent des remarques constructives qui aident votre entreprise à progresser.

2. Les influençables

Ces gens se situent au centre de l'équipe. Ces vendeurs se font *influencer* par ceux qu'ils côtoient et ont tendance à se rallier à la majorité. Ils peuvent pencher d'un côté comme de l'autre.

3. Les négatifs

La plupart du temps, ces individus sont des causes perdues. Même s'ils regorgent de talents, ils ont toujours à redire sur ce que vous faites. Rien ne leur paraît adéquat.

Comme ils sont persuasifs, ils parviennent à marquer des points avec les influençables et peuvent ralentir considérablement vos efforts de croissance. La seule solution dans ces cas est le remplacement.

La pire des situations est lorsque vous avez un membre qui est négatif et convaincuant. Son influence peut être difficile à neutraliser.

La répartition typique dans une équipe, qu'elle soit de vente ou autre, est habituellement la suivante :

- 20 % de leaders
- 60 % d'influençables
- 20 % de négatifs

Trois types de vendeurs et trois attitudes. Un total de neuf possibilités. Reprenez votre liste de vendeurs et qualifiez chacun d'une attitude. Si vous n'avez pas suffisamment de leaders, vous devrez faire des remaniements.

Le vrai patron de l'équipe de vente

L'être humain a besoin de plusieurs choses pour être heureux. La pyramide de Maslow, bien connue en psychologie, exprime toute une panoplie de besoins depuis les besoins primaires, comme se loger, se vêtir et se nourrir, jusqu'à des besoins plus raffinés, comme celui d'être reconnu.

En vente, le besoin de base principal, même s'il n'est pas le seul, est de recevoir une bonne rémunération.

Rien n'a autant d'autorité que votre programme de rémunération pour faire bouger votre équipe de vente.

Vous êtes-vous déjà demandé pourquoi une personne choisit de devenir représentant? Dans la très grande majorité des cas, c'est parce qu'elle a des objectifs financiers élevés.

En Amérique du Nord, le type d'emploi qui offre les revenus les plus élevés est celui de vendeur.

Comme l'argent est un facteur primordial dans la vie de vos représentants, vous devez vous faire à l'idée que votre croissance dépend, et dépendra toujours, de votre programme de rémunération.

 Un bon programme de rémunération peut rapidement faire exploser les profits et les ventes de votre entreprise.

Mais attention! Il y a des pièges. Vos représentants vont disséquer en détail votre programme et y exploiter toutes les failles. Si vous ne réfléchissez pas suffisamment aux éléments qui entrent dans le calcul des commissions, vous pourrez rapidement vous retrouver avec des revenus qui explosent mais avec des profits qui plongent.

Les programmes les plus efficaces incluent presque toujours une portion individuelle **et** une portion d'équipe. De plus, ils combinent des éléments de revenu, de rentabilité et parfois d'activité.

Les entreprises gagnent souvent à rémunérer les représentants en fonction des activités plutôt que des résultats uniquement. Par exemple, on peut donner un boni à un représentant s'il effectue 30 visites par semaine.

Les plans de rémunération représentent un atout formidable pour la croissance, mais ils sont aussi des armes à double tranchant. Si vous êtes plus ou moins à l'aise avec ce sujet, faites-vous assister par des experts.

Mais ne vous privez pas d'un deuxième patron... qui fera le travail à votre place!

Une bonne équipe a toujours un bon coach

Un bon coach de vente a un rôle primordial, particulièrement si votre équipe de représentants gagne en nombre.

Non seulement la plupart des entreprises manquent en quantité et en qualité de représentants, mais encore elles font rarement appel à un bon coach d'équipe. Souvent, elles n'ont pas de coach ou, alors, le président en assume « à temps partiel » la responsabilité.

Rappelez-vous qu'il y a neuf combinaisons de types de vendeurs et attitudes et que le taux de roulement d'une entreprise en santé est relativement élevé. En effet, les équipes de vente très efficaces sont souvent formées de représentants dont l'ancienneté moyenne ne dépasse pas deux ou trois ans !

Il n'y a rien de pire qu'un représentant qui tombe dans la routine et dans l'habitude. Sa passion pour vendre s'éteint. Son « muscle de vente » s'atrophie. Un vendeur en santé a régulièrement besoin de nouveautés pour mettre du piquant dans son monde.

Apporter cela au représentant est justement l'un des rôles d'un bon coach. Celui-ci doit mesurer la santé du muscle de vente de ses représentants, mesurer le degré de leur passion et de leur enthousiasme. Si vous avez à choisir entre une personne compétente et une personne enthousiaste, optez pour la personne enthousiaste.

Contrairement à la croyance populaire, un bon coach de vente ne doit pas être avant tout un motivateur. La motivation est présente chez les personnes passionnées.

Un bon coach de vente est celui qui sait mesurer le degré de passion de ses vendeurs et qui sait équilibrer son équipe.

Les 3 rôles d'un bon coach de vente

1. Le coach doit donner une vision claire, précise et stimulante de la destination à atteindre. La destination est l'objectif financier et l'objectif de positionnement visés.

2. Le coach doit indiquer le point de départ de l'équipe. «Nous partons de A et nous allons à B.»

3. Le coach doit être un miroir impeccable. Il est très difficile pour une personne de s'analyser, de s'observer et de mesurer sa performance.

Un bon coach sait donner une destination, un point de départ et il montre presque instantanément à chaque membre de son équipe les résultats reliés aux efforts.

Les meilleurs coachs ne cherchent pas à imposer leur démarche ni les moyens à prendre pour réaliser les ventes visées. Ils permettent à chacun de comprendre les répercussions de ses choix personnels sur ses résultats et d'en tirer des conclusions.

Il est important qu'un vendeur découvre par lui-même qu'il doit modifier son approche. Un bon coach fournit à son équipe des mécanismes pour observer «en temps réel» les résultats des actions de chacun et pour comparer les performances en fonction du type d'approche utilisé.

Un bon coach ne prend pas la place de ses vendeurs en situation difficile mais essaie plutôt, par des questions, de leur indiquer le problème.

Au besoin, un coach doit pouvoir démontrer ce qu'il veut faire comprendre. Ce point n'est pas essentiel, mais les meilleurs leaders sont souvent des personnes capables de démontrer ce qu'ils cherchent à enseigner.

Le principe fondamental des coachs : se concentrer sur les meilleurs !

La plupart des directeurs de vente passent la majeure partie de leur temps avec les représentants les moins performants. Ceux-ci obtiennent plus d'encadrement que les meilleurs. Pourtant, ce sont les meilleurs qui rapportent 80 % de l'eau du moulin.

En travaillant sur les capacités de vos leaders, vous indiquerez à ceux qui sont influençables que s'ils veulent progresser et avoir votre attention, ils devront modifier leur approche et mieux choisir leurs modèles.

En dernier lieu, un bon coach s'assure de bien outiller ses protégés.

La formation continue produit un effet important et rapide

Je suis toujours étonné de constater que si peu d'entreprises offrent à leurs représentants des cours de formation en vente.

« Pourquoi dois-je les former ? Qu'arrivera-t-il s'ils quittent l'entreprise ? » Vrai ! Toutefois, comme le demande si bien Peter Burwash, écrivain et célèbre vedette de tennis : « Qu'arrivera-t-il si vous ne les formez pas et qu'ils restent ? »

Des statistiques récentes démontrent qu'il est possible d'augmenter de plus de 30 % les performances de vos représentants en moins de six mois en les inscrivant à quelques cours de vente et en les incitant à écouter continuellement des cassettes audio de formation. Ces cassettes sont offertes en abondance et dans toutes les langues.

Le milieu de la vente change très rapidement. Une simple tournure de phrase peut faire toute la différence. Un petit changement ici et là peut rapporter grandement.

Posez-vous la question suivante : investissez-vous plus dans votre fonds de pension qu'en vous et que dans votre équipe ? Formez-vous. Investissez en vous.

19

La psychologie
du markevente

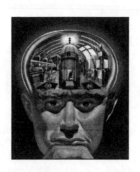

La psychologie
du markevente

Fini l'ère de la vente classique.
Faites place aux psychologues enthousiastes !

L A VENTE est le plus beau métier du monde. Rien ne contribue plus au succès d'une société, d'une entreprise ou d'un individu que son aptitude à *enthousiasmer* d'autres sociétés, entreprises ou individus vers de meilleurs choix.

Tout le monde fait de la vente. Soyez-en fier !

Vous avez à vous vendre chaque matin que vous devez vous lever. Vous devez vendre à vos enfants qu'ils doivent aller à l'école, vous devez vendre à votre conjoint ou conjointe d'aller à tel restaurant plutôt qu'à tel autre.

Cependant, chaque fois, votre objectif est toujours le même : améliorer le sort de la personne à qui vous vendez quelque chose.

 Si votre attitude est toujours de faire une vente dans l'absolue conviction que cette vente est ce qu'il y a de mieux pour votre prospect, femme, enfant, voisin, client, etc., vous agirez avec enthousiasme.

Fini la vente sous pression

L'ère de l'information est aussi devenue l'ère du scepticisme. Il existe de la publicité, des rabais et des spéciaux absolument partout.

Vos prospects n'ont plus besoin de se faire convaincre de quelque chose.

 Vos prospects ont besoin de se faire **écouter** pour se vendre à eux-mêmes.

Acculer votre client dans un coin et tenter de lui faire prendre une décision « de force » n'est aucunement recommandé *dans un contexte où vous cherchez à bâtir des relations de confiance à long terme.*

La vente est l'art de la conversion. Elle est aussi la science de la conversion. Et derrière cet « art scientifique » se cache l'atout principal : l'enthousiasme.

L'enthousiasme se développe automatiquement chez un vendeur qui a la ferme conviction que ses solutions sont extraordinaires et qu'elles peuvent vraiment faire une différence dans la vie du client.

Il n'y a rien comme l'enthousiasme et la croyance ferme dans l'efficacité de vos solutions pour vendre. Les clients potentiels « captent » littéralement vos ondes de confiance. Cela peut paraître quelque peu métaphysique, mais croyez-moi, c'est vrai. Parole de physicien.

De la vente à la psychologie

Vos vendeurs doivent devenir de véritables psychologues.

Voici les règles à suivre pour être un bon psychologue :

- Ne travailler qu'avec des patients qui veulent changer et faire vos propositions au bon moment.

- Savoir se taire.

- Déterminer le problème du patient en posant des tas de questions.

- Résumer le problème au patient.

- Permettre au patient de tirer ses propres conclusions, le conduire vers une solution précise en la choisissant pour lui et toujours mettre ses intérêts avant les vôtres.

- Inciter le patient à agir.

- Répondre aux objections en utilisant les objections elles-mêmes.

- Être débordant d'enthousiasme et avoir une confiance inébranlable dans votre capacité de régler le problème.

- Utiliser de bons outils de soutien.

- Qualifier vos prospects.

 Ce qui coûte le plus cher à votre entreprise est le temps que vous et votre équipe gaspillez avec des prospects qui ne sont pas vraiment intéressés par ce que vous avez à offrir.

La qualification des clients

Vous devez qualifier, requalifier et re-requalifier vos prospects. C'est ce qu'on appelle la qualification ABC.

Votre marché et vos clients se décomposent en trois catégories :

Les clients « A » : ceux qui génèrent 80 % de vos revenus et profits mais qui ne représentent que 10 % de votre clientèle.

Les clients « B » : des clients un peu moins fidèles, qui consomment un peu moins, qui ont un peu moins de contacts. Ils représentent 30 % de vos clients.

Les clients « C » : des clients de moins grande valeur, mais qui constituent malgré tout plus de 60 % de vos clients.

Consacrez la plus grande partie de votre temps aux clients A et même aux AA.

Qualifier vos prospect signifie prendre le temps d'identifier le type de prospects qui répond le mieux au profil de vos meilleurs clients.

Comme exercice, déterminez les cinq caractéristiques principales de vos meilleurs clients.

Dépistez les « déclencheurs »

Après avoir déterminé le profil idéal des clients ainsi que la route que vous prendrez pour les attirer, vous devez réfléchir à la quatrième dimension de la définition du marketing révolutionnaire : faire vos offres *au bon moment*.

Posez-vous la question : qu'est-ce qui déclenche le processus d'achat d'un client type de mon entreprise pour un segment donné ? Qu'est-ce qui fait que, à un moment donné, il décide d'aller de l'avant ?

C'est ce qu'on appelle une analyse de « déclencheur ».

Par exemple, une entreprise qui vend des boîtes de carton pourrait dire ceci : Ce qui déclenche l'élan d'achat d'un client type est un déménagement. Ce qui déclenche un déménagement est souvent le changement d'emploi !

L'idéal pour cette entreprise serait donc de détecter des signes avant-coureurs de changement d'emploi pour être *la première à offrir ses solutions au prospect.*

Vous devez déterminer les déclencheurs d'achat pour faire des offres «juste à temps,» et pour être toujours le premier offrant dans l'esprit du client potentiel.

Dans la majorité des cas, le premier fournisseur à entrer dans le champ de conscience d'une personne qui voit naître un problème a de meilleures chances de gagner la vente.

Mais taisez-vous !

L'une des plus grandes erreurs des personnes qui travaillent dans la vente ou la conversion est qu'elles parlent trop.

Vos prospects vont vous voir pour se confier à vous. **Écoutez-les.**

J'ai déjà mentionné que les vendeurs les plus efficaces sont souvent ceux qui connaissent «le moins» leurs solutions. Pourquoi? Parce que, ne les connaissant pas beaucoup, ils ne perdent pas l'attention de leurs prospects en donnant trop de détails. Comme ils ont très peu à dire, ils n'ont pas d'autre choix que d'écouter leurs prospects.

 Durant les 15 premières minutes d'une rencontre de vente (ou au moins la première moitié), le client potentiel doit parler au minimum 45 secondes par minute.

Mesurez-vous. Votre prospect parle-t-il 75% du temps durant la première moitié des entrevues?

Lorsqu'un prospect dit : «Bien, je vais y penser», cela signifie qu'il ne sent pas que vous l'avez compris.

La première étape d'une rencontre de vente – en supposant que vous avez au préalable effectué la qualification ABC et que vous vous êtes présenté tout juste après un élément déclencheur –, est donc d'écouter votre prospect.

Vous devez trouver le problème en posant des questions.

Votre but premier est de cerner le *problème* du client. **Vous voulez trouver très précisément ce qui le dérange**.

Pour ce faire, vous devez utiliser vos plus grands alliés : Qui ? Quoi ? Quand ? Comment ? Où ? Pourquoi ?

Devenez maître dans l'art de poser des questions

Les questions sont un atout extraordinaire. C'est par vos questions que vous dirigez la conversation. Vous devez faire surgir le véritable problème du client.

Plus vous posez de questions, plus votre client parle. Plus votre client parle, plus il sent que vous le comprenez.

Vous ne conclurez jamais une vente si le client ne croit pas que vous l'avez compris...

 Vous ne pouvez pas comprendre un client si vous prenez toujours la parole !

Le but est de passer du rôle de vendeur à celui de confident. Vous devenez confident dès que votre prospect vous livre son véritable problème.

Faites tomber les façades

Souvent, un prospect « se protège ». Il ne dira pas d'emblée ce qui le tracasse vraiment. Il vous mettra à l'épreuve afin de vérifier si vous prenez vraiment son intérêt à cœur ou si vous chercherez à lui passer n'importe quoi. Ces protections s'appellent des *façades*. Voici les façades les plus courantes :

La façade des prix

Les prix sont au monde des affaires ce que la météo est au monde des relations. Ils sont un merveilleux sujet d'introduction.

Cependant, les questions sur le prix ne sont souvent qu'une protection. Le vrai problème se cache derrière.

La meilleure façon de contourner cette façade est d'éviter le sujet au départ. Vous devez rapidement relancer la conversation sur le problème.

La façade du « je sais tout »

La dernière chose à faire *est de prendre de front le client. Vous ne gagnerez jamais à ce jeu.*

Dans le cas où le client croit tout savoir, ce serait une erreur que de lui démontrer que vous en savez plus que lui.

Si le client présente cette façade, c'est probablement parce qu'il a besoin de reconnaissance : DONNEZ-LA-LUI !

Lorsqu'il aura dit ce qu'il sait, il sera en mesure de répondre à vos questions.

La façade du « silencieux »

Un silencieux est habituellement une personne qui éprouve une frustration plus ou moins intense.

Une bonne approche dans ce cas consiste à aborder le client en lui disant ceci : « Cher client, je sens qu'il y a quelque chose qui vous embête, n'est-ce pas ? »

Vous ne pouvez pas commencer vos questions avant de lui avoir fait exprimer sa frustration.

La façade du « c'est mieux ailleurs »

Cette façade est très répandue. Pourtant, si c'était si bon ailleurs, le prospect ne serait pas devant vous !

Pour commencer, prenez le temps d'écouter tous les avantages que le prospect a vus ailleurs. Éventuellement, il sera à court d'éléments et il passera automatiquement aux points faibles. Par ailleurs, vous apprendrez peut-être des choses intéressantes sur vos concurrents grâce à ce type de façade. Profitez-en !

Résumez le problème

Ce point sera bref, mais il est essentiel.

Non seulement vous devez comprendre le problème du client potentiel, mais celui-ci doit comprendre que vous l'avez compris !

Il s'agit donc de passer à l'étape du résumé. Vous devez résumer le problème au prospect tel que vous l'avez compris. Cela vous permet, d'une part, de vous assurer que vous avez bel et bien compris ce problème et, d'autre part, de faire savoir au prospect qu'il peut maintenant *se jeter dans vos bras*.

■■■ Les clients potentiels prient pour être nourris à la petite cuillère !

Ce que tous cherchent dans une relation d'affaires ou d'achat est que quelqu'un prenne le problème sur ses épaules. Quelqu'un qui peut s'occuper de tout pour soi.

Vous pourrez jouer ce rôle à la condition que le prospect sache que vous l'avez bien compris.

Utilisez à nouveau les questions pour conduire le prospect vers le bon choix.

Vous devez maintenant faire *votre* choix quant à la bonne solution pour le prospect. C'est à vous que revient de faire le choix final.

Après tout, c'est vous l'expert !

Cependant, il est de loin préférable d'utiliser les questions pour que le prospect parvienne *de lui-même* à la même conclusion que vous.

Vous ne pourrez jamais convaincre qui que ce soit de quoi que ce soit. Vous ne pourrez que diriger la personne vers la bonne décision.

Si le prospect n'arrive pas au même choix que vous et que vous êtes convaincu qu'il est sur le point de prendre la mauvaise décision, par exemple en achetant une autre de vos solutions, **vous devez refuser la vente** !

Si vous avez vraiment l'intérêt du prospect à cœur et que vous souhaitez établir des relations de confiance durables, ne vendez jamais une solution inadéquate au prospect, même si celui-ci tient absolument à acheter cette solution.

Pas de conversion, pas de succès

Si vous ne parvenez jamais à convertir un prospect, vous n'accomplirez rien en marketing.

- Il faut achever les ventes.
- Il faut inciter le prospect à agir.
- Il faut tracer clairement la démarche à suivre et *offrir* la vente.

Il existe des dizaines voire des centaines de techniques pour terminer les ventes. Un bon programme d'éducation sur cassettes et par séminaires est absolument essentiel pour vos représentants.

 Une approche efficace pour conclure la vente est d'utiliser les objections les plus sérieuses du prospect et de les transformer en argument percutant.

Les clients potentiels n'ont qu'un seule souhait : vous dire OUI ! Derrière la pire objection de tout prospect se cache le désir impatient de dire oui. Personne n'aime vraiment dire non. Si vous trouvez la bonne façon de dire les choses, vous pourrez toujours obtenir un oui.

La clé est l'art de transmuter une objection en argument.

Objection ou excuse ?

 Lorsqu'un prospect émet une objection, demandez-lui toujours s'il y a autre chose qui le tracasse. Si le prospect dit non, vous êtes devant une vraie objection. S'il dit oui, il vous a donné une excuse.

Ne perdez jamais de temps à répondre à une excuse. Cherchez la véritable objection derrière l'excuse.

Pour ce faire, posez des questions comme celles-ci : « Cher prospect, si je vous comprends bien, vous trouvez que notre nouveau vélo de montagne à 2 300 $ est trop dispendieux ? »

« C'est cela. »

« Y a-t-il autre chose qui vous embête ? »

« J'y pense, je trouve le poids un peu trop élevé. »

Dans cet exemple, le prix n'était qu'une excuse, qu'une façade. La vraie objection c'est le poids du vélo.

Il faut maintenant convertir l'objection du poids du vélo en argument favorable.

« Laissez-moi vous poser une question : avez-vous déjà eu un vélo de montagne ? »

« Oui, j'en ai même eu deux ! »

« Et puis-je vous demander pour quelle raison vous souhaitez changer de vélo ? »

« Le précédent n'a pas résisté aux sentiers de montagne que j'ai fréquentés. »

« Autrement dit, ce que *vous* me dites c'est que vous êtes à la recherche d'un vélo plus fort, plus résistant et plus durable ? »

« Euh, oui, oui. »

« Donc, si je vous comprends bien, un vélo plus résistant doit être constitué de matériel plus fort, et conséquemment plus dense. »

« Probablement. »

« Donc, si je vous offre un vélo plus dense, donc naturellement plus lourd, mais que ce vélo vous assure une résistance complète, totale et garantie, nous répondons à vos attentes ? »

« Je crois bien que oui... »

L'exemple montre une approche pour utiliser l'objection principale et, à l'aide de questions, amener le prospect à prendre conscience de l'avantage qui se cache derrière l'objection.

Les émotions et la raison

Les êtres humains n'achètent jamais ce dont ils ont vraiment besoin : ils achètent ce qu'ils aiment et ce qu'ils veulent.

Ce sont les émotions qui guident les décisions d'achat, pas la raison.

Vous devez continuellement « faire vivre » au prospect le genre de vie dont il pourra bénéficier s'il choisi votre solution.

 Vous devez utiliser les émotions pour gagner la vente, mais vous devez fournir des arguments rationnels pour soutenir la vente ou rassurer le prospect.

Le remords de l'acheteur

Vous avez certainement vécu cette période de doute qui suit un achat. Vous vous demandez si vous avez pris la bonne décision ou si vous auriez pu trouver une meilleure offre ailleurs.

En un mot, vous avez des remords. Vous avez peur de vous être trompé.

La peur de perdre quelque chose est presque toujours plus puissante que l'anticipation de gagner quelque chose.

Pour éviter des retours de marchandise en catastrophe, pour éviter des changements de décision de dernière minute, pour éviter des annulations, vous ne devez pas considérer la vente comme étant achevée avant d'avoir terminé les étapes d'ancrage.

C'est à cette étape que vous devrez rassurer votre acheteur. Vous devrez rapidement lui rappeler qu'il a fait un bon choix. Vous devrez fournir à votre nouveau client des arguments pour qu'il puisse justifier son choix à ses proches. Jouer sur les émotions pour vendre, rassurer par des arguments rationnels.

Une des meilleures définitions de l'acte de conversion que j'aie pu trouver est la suivante : La conversion est l'art de transférer son enthousiasme à une autre personne.

> Quand il s'agit de vendre de l'émotion, rien n'est aussi efficace qu'une personne enthousiaste. Dites-moi, votre équipe est-elle pleine de gens enthousiastes ?
> S'ils gagnaient à la loterie, vos représentants diraient-ils « Bye Bye Boss ? » Oups !

20

La main à la pâte

La main à la pâte

Vous pourrez lire ce livre des milliers de fois,
mais si vous n'agissez pas, rien ne se produira !

Essayez tout de suite quelque chose !

Trompez-vous, puis réessayez, puis recommencez, encore et encore.

Et surtout, amusez-vous !

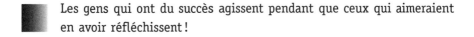 Les gens qui ont du succès agissent pendant que ceux qui aimeraient en avoir réfléchissent !

Êtes-vous excité à l'idée d'appliquer la philosophie du marketing révolutionnaire ainsi que ses stratégies dans votre vie personnelle et professionnelle ?

Vous pouvez le faire. Reprenez maintenant chaque chapitre l'un après l'autre, et amorcez, avec discipline, l'intégration de chaque étape dans votre entreprise.

Ne faites pas tout d'un seul coup. Appliquez une notion de chaque chapitre par semaine. Respectez la séquence et laissez les résultats parler d'eux-mêmes.

Les chapitres sont présentés en ordre d'importance, et chacun est bâti sur les principes du précédent. Concentrez donc votre énergie sur les premiers chapitres avant de passer à la suite.

Bonne aventure !

Je vous quitte (en espérant que vous vous joindrez aux divers séminaires, activités et programmes d'encadrement que nous vous offrons) avec ma phrase favorite :

N'allez pas là où le chemin vous conduit,
quittez le chemin et laissez des traces.

Pierre Morency
www.pierremorency.com
info@pierremorency.com

DU MÊME AUTEUR

La suite

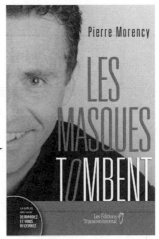

Demandez et vous recevrez
200 pages • 24,95 $

La terre est le paradis terrestre.
La preuve : pour obtenir ce que
vous voulez, il suffit de le demander. Alors n'attendez plus : faites
le ménage dans vos croyances et
récoltez !

Demandez et vous recevrez, c'est
un électrochoc qui transformera
votre façon de voir le monde, le
travail et l'argent.

Les masques tombent
192 pages • 24,95 $

Vos désirs tardent à se réaliser ?
C'est que vous êtes coincé dans
vos contradictions, soutient Pierre
Morency. Le grand ménage n'est
pas fini.

Garderies, sexe, héritage, vie de
couple, gourous, éducation...
Mitraillez vos idées toutes faites.
Trouvez *votre* vérité. Et soyez
enfin exaucé.

Pierre Morency vous présente le tout nouveau
Club du Physicien

Désirez-vous recevoir par courriel de l'information concernant le nouveau Club du Physicien ?

S.V.P. Retournez une copie de ce coupon par télécopieur au (514) 221-2068 ou envoyez-nous les renseignements par courriel à info@pierremorency.com

NOM :   PRÉNOM :

TÉLÉPHONE :

COURRIEL :

☑ ✓Oui, je désire recevoir par courriel de l'information sur le Club du Physicien.

Vous pouvez aussi consulter notre site pour obtenir de l'information sur Pierre Morency ou le Club du Physicien :

www.pierremorency.com

À surveiller prochainement

(les dates sont régulièrement annoncées à
www.pierremorency.com)

Le Camp du marketing révolutionnaire

Vous voulez en savoir plus sur le monde du marketing révolutionnaire ? Rien de plus puissant qu'une participation à l'unique Camp du marketing révolutionnaire.

Un programme de trois jours et demi, riches en émotions, en spectacles, en conférences, en réflexions, en stratégies et en contacts.

Plus de 14 heures de séminaires par jour dans un contexte enchanteur (hors des grandes villes) pour plonger à fond dans le cerveau de vos clients et faire des découvertes stratégiques qui bouleverseront littéralement vos croyances et vos performances.

« De la pure dynamite haut de gamme, pour faire exploser vos profits. »

Après avoir vécu un Camp du marketing avec le Physicien, vous ne verrez jamais plus votre entreprise de la même manière !

Le Tao des affaires

Est-il possible d'intégrer une vie « spirituelle » à une carrière et à une vie familiale réussies ?

Non seulement c'est possible mais absolument essentiel !

Comme à l'habitude, le Physicien du marketing et du succès a fait ses devoirs, fidèle à la méthode scientifique, parcourant les Indes, les religions et les maîtres spirituels pour digérer pour vous une démarche spirituelle intégrée et applicable.

Le Tao des affaires est une retraite de trois jours et demi pour professionnels et dirigeants d'entreprise qui veulent connaître les secrets spirituels et leurs applications dans la vie au travail et au foyer.

Découvrez la pratique de la méditation et du yoga pour vous brancher sur le cerveau collectif global, la connaissance de l'ayurveda et des rythmes universels (science védique de la santé et des fréquences), l'utilisation de la transmutation sexuelle (vous avez bien lu !) et des amplificateurs du succès, la maîtrise des coïncidences, la réduction des heures de sommeil, la déprogrammation des croyances, l'utilisation du « channeling » pour trouver réponses à vos questions, etc.

« Enfin de la spiritualité appliquée au monde professionnel, preuves scientifiques à l'appui. »

Si vous êtes sérieux à propos d'une vie équilibrée, riche et spirituelle, vous ne voudrez pas rater le Tao des affaires. Une véritable expérience mystique !